超解 仕事の基本とマナーで面白いほど評価が上がる本

日本サービスマナー協会
理事長
澤野 弘【監修】

講師
井手奈津子【著】

あさ出版

はじめに

＊仕事のできる人はビジネスマナーもできている

本書を手に取ってくださり、ありがとうございます。

現在私は、講師として年間約１８０日、ビジネスマナー（＝仕事の基本とマナー。以下同様）やコミュニケーションをテーマに研修を行っています。対象は新入社員から管理職まで、業界も様々です。

前職では約10年間、人事部で採用・教育担当者として、多くの若手社員の成長を見届けてきました。

仕事上、これまで1万人以上の若手社員を見てきましたが、好印象な人、仕事をうまく進める人、まわりと良好な人間関係を築ける人には、ある共通点があると確信しています。それは、知識や能力だけでなく、ビジネスマナーを身に付けている、ということです。相手への思いやりの気持ちを、ビジネスマナーという手段を使って、さりげなく、自然に表現しているのです。

逆に、自然とお客様や上司、先輩をいら立たせてしまうような人にも、共通点があります。例えば、上から目線の言葉を使っていたり、ミスをした時に最初に言い訳をしたり、報告をしなかったり。

ところがいら立たせる原因を作った当人は、それがよくないことと知らないだけだったり、気づいていないだけだったりすることが圧倒的に多いのです。そのたびに、「仕事はできるのにもったいない」「マナーを知っていればきちんと評価されたのに」、と歯がゆく感じてきました。

＊学ぶだけでなく、現場で使えるよう実践あるのみ！

本書では、正しい敬語、電話応対、訪問の仕方などのビジネスマナーの基本に加えて、なぜそのマナーが必要なのか、実行することでどのような効果があるのかを具体的に解説しています。私が日々の研修でお伝えしていること、ビジネスの現場で実際に聞かれた上司・先輩の生の声も盛り込みました。

「知っている」と「できる」は違います。ぜひ現場で「できる」ようになるまで、実践してみてください。

本書から、仕事をうまく進めるヒントを見つけていただけたら幸いです。

井手奈津子

身につけたい日常のビジネスマナーのポイント

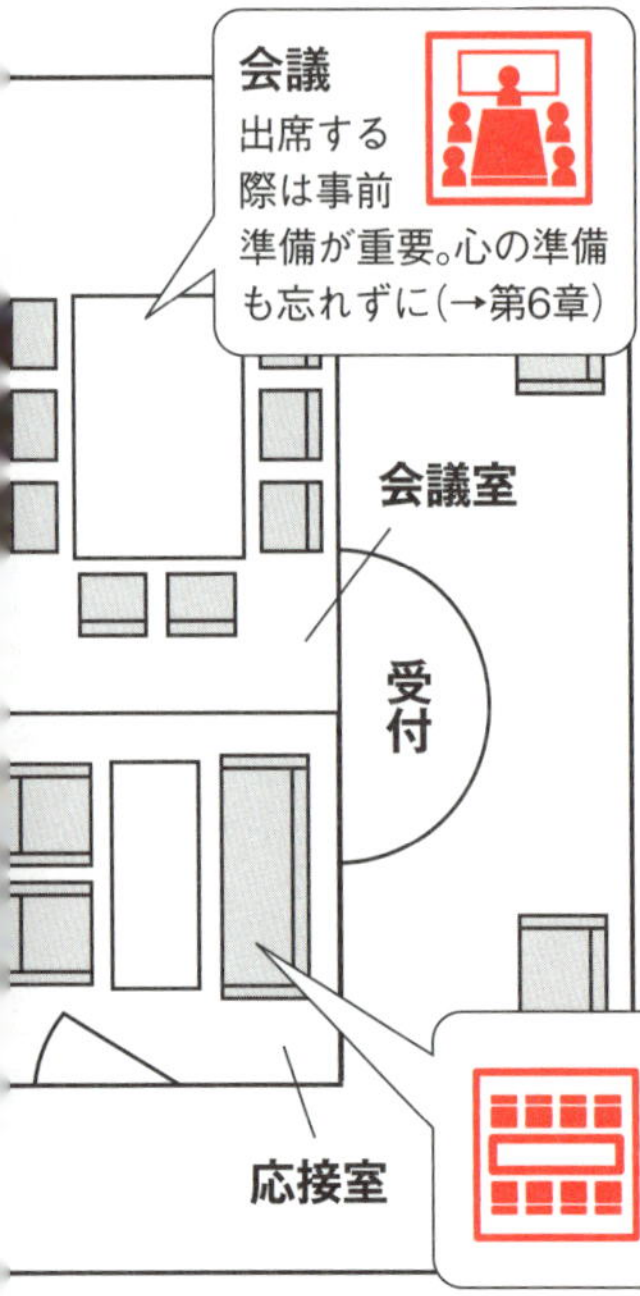

会議
出席する際は事前準備が重要。心の準備も忘れずに（→第6章）

マナーは思いやり
最終的に、お客様の信用や上司の信頼となって自分に返ってくる（→第1章）

ビジネス会話
具体的で簡潔に、相手に合わせて話をする（→第2章）

席次マナー
自分がどこに座るべきかを理解し、テキパキ動く（→第５章）

社内

訪問
失礼のないよう、担当者以外にも礼儀正しく振る舞う（→第5章）

名刺交換
細かなマナーがたくさんあるので、とにかく練習を！（→第5章）

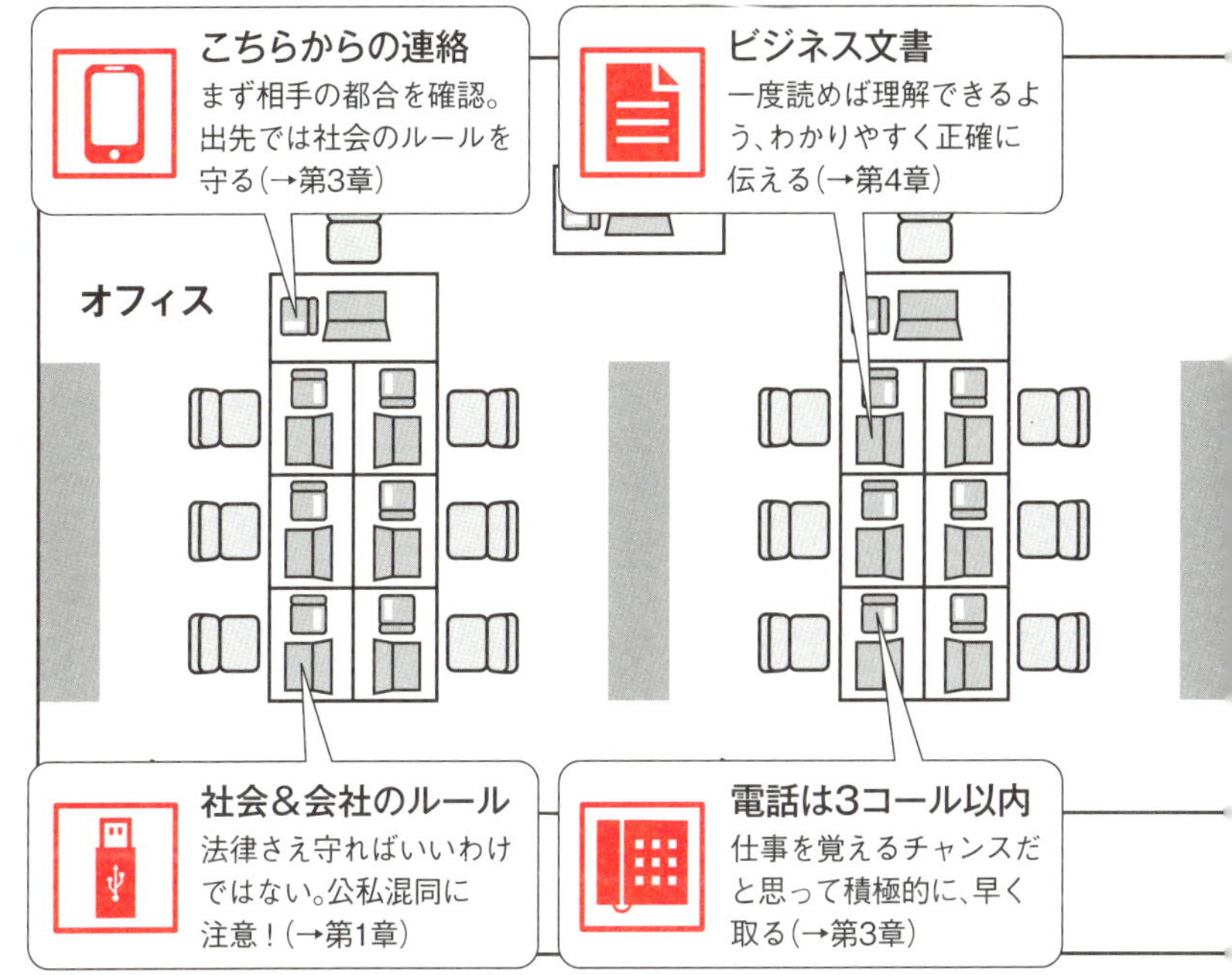
こちらからの連絡
まず相手の都合を確認。出先では社会のルールを守る（→第3章）
ビジネス文書
一度読めば理解できるよう、わかりやすく正確に伝える（→第4章）
オフィス
社会＆会社のルール
法律さえ守ればいいわけではない。公私混同に注意！（→第1章）
電話は3コール以内
仕事を覚えるチャンスだと思って積極的に、早く取る（→第3章）

社外

お酒の席・食事マナー
就業時間外でも仕事の延長という意識を忘れない（→第6章）

はじめに……2
身につけたい
日常のビジネスマナーのポイント……4

第1章

ビジネスマナーは信頼を得るための基礎
――知らなければビジネスのチャンスさえつかめない

なぜビジネスマナーが必要なのか……12
守るべき社会のルールと会社のルール……16
人間関係を決める 出会って数秒の第一印象……20
コラム① 可愛がられる新入社員（後輩）の特徴……24

第2章

ビジネス会話の基本

――敬語を正しく使いこなし、効率的にわかりやすく伝える

相手を考えることがスタートライン……26

敬語の種類とレベルを使い分ける……32

ビジネスシーンにふさわしくない表現……38

コラム② お願い上手・指示上手な人が使っている「依頼形」……42

第3章

電話応対での常識

――相手が見えないからこそ対話を大切にし、言葉遣いに注意する

応対の基本と大切な心がまえ……44
受け方・取り次ぎ方・かけ方の基本……48
ビジネス電話でよく使う表現……56
携帯電話・スマートフォンのマナー……60
コラム③　それでもやはり、電話に出るのは新人の仕事！……64

第4章

ビジネス文書のポイント

――難しい表現を避け、簡潔に具体的な表現で書く

一度読めば理解できる「わかりやすい」文章……66

正しく迅速に伝わるビジネス文書の書き方……74
基本を知って使いこなすビジネスメール……84
コラム④ 事実と感想は分けて話す……88

第5章 来客応対と訪問のマナー
——全体の流れを把握してテキパキ動く

会社のレベルを決定づける来客応対……90
知っているとテキパキ動ける席次のマナー……102
会社訪問の流れをつかむ……108
第一印象に直結する名刺交換……118
コラム⑤ ミスをした時の叱られ方……124

第6章

日常の仕事で押さえるべきポイント
―人間関係を円滑にし、仕事をうまく進めるコツ

指示を受けてから仕事を始めるまでの進め方……126
される側を意識したホウ・レン・ソウ……130
今日からすぐにできる仕事の効率化……138
会議・ミーティングの基本と心がまえ……142
欠勤・遅刻・早退の時にもマナーがある……148
テキパキ動けて失敗しない宴席マナーのポイント……152

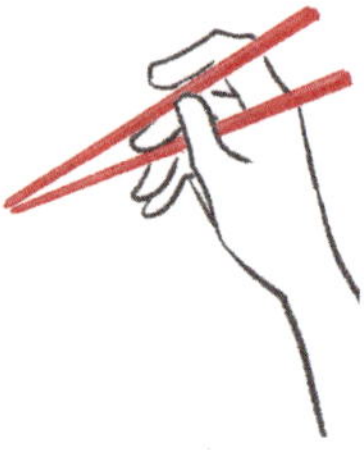

本文イラスト／井上明香　画像提供／123RF

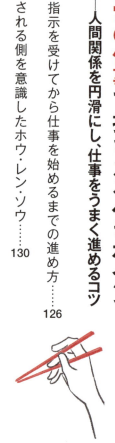

第 1 章

ビジネスマナーは信頼を得るための基礎

知らなければビジネスのチャンスさえつかめない

なぜビジネスマナーが必要なのか

＊ マナーは相手に対する思いやり

マナーとは、相手や周囲に対する思いやりの気持ちを、カタチに表したものです。

「ひとり」だけの世界ではマナーは必要ないでしょうが、ビジネス社会は、様々な価値観を持った人々が集まり、成り立っています。お互いが心地よくすごすためには、思いやりの気持ちと行動が必要です。

この先ビジネスマナーの「敬語の使い方」「電話応対」「訪問のマナー」他、触れていきますが、押さえておきたいのは、そこにしっかりと**「心」がある**、ということです。

心があっての「カタチ」です。

＊マナーなくして、仕事のチャンスはやってこない

例え、知識やスキルがあったとしても、横柄な態度だったり、敬語をまったく使えなかったり、相手が不快に感じる身だしなみだったり、ビジネスのルールを守らなかったりする人とは一緒に仕事をしたくない、と思うのが社会の現実です。

上司の立場であれば、不安で営業に行かせられない、まだ接客をさせられない、プレゼンテーションを任せられない、商談に同席させられない……、このように思うかもしれません。

ビジネスというステージに上がるためには、最低限のマナーが必要なのです。

■ビジネスマナーは潤滑油

相手を
思いやる
気持ち
人間関係を
円滑にする
仕事が
うまく進む

**様々な立場、年代の人と関わるビジネス社会には、
相手を思いやるマナーが必要**

＊ビジネスマナーで職場に貢献できる

先ほど、知識やスキルがあっても、マナーに欠けると仕事のチャンスもやってこない、と書きました。

では、逆はどうでしょうか。つまり、ビジネスマナーが備わっているけど、知識とスキルはこれからという状態。まさに、入社して間もない新入社員ですよね。

そんな新入社員でも、ビジネスマナーだけでできる仕事や職場の役に立てることは、山ほどあります。

電話に出て伝言を受ける、先輩に取り次ぐ、明るい返事と挨拶で職場を活気づける、来客の応対、先輩方のお手伝い……など、新入社員でも、チームの一員として組織に十分、貢献できるのです。

新入社員にもできる仕事

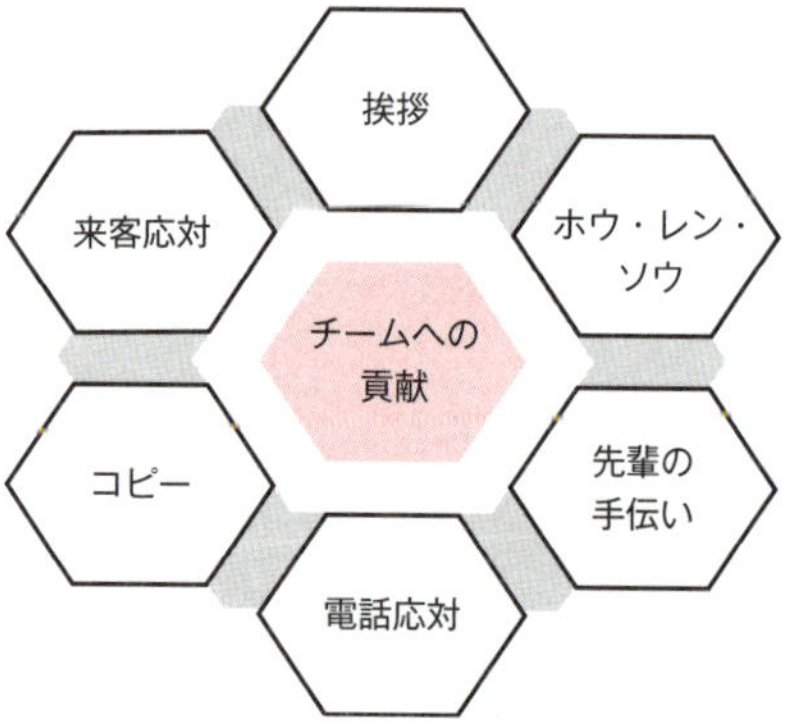

＊思いやりの心が自分に返ってくる

ビジネスマナーをしっかり身につけている人には、共通して次のような特徴があります。

・どんな相手に対しても気づかい、思いやりがある
・言動や態度で相手に不快感を与えない、迷惑をかけない
・周りの人は一緒に仕事をしていて、心地よい
・ビジネスマナーが信頼・信用につながり、お客様（取引先）からだけでなく、職場の上司からも評価され、結果的に本人のモチベーション向上につながっている

ビジネスマナーは、相手への思いやりからスタートしますが、最終的には回りまわって、あなた自身に返ってきます。

そう、**最後は「自分のため」になる**のです！

■相手への思いやりは自分に返ってくる

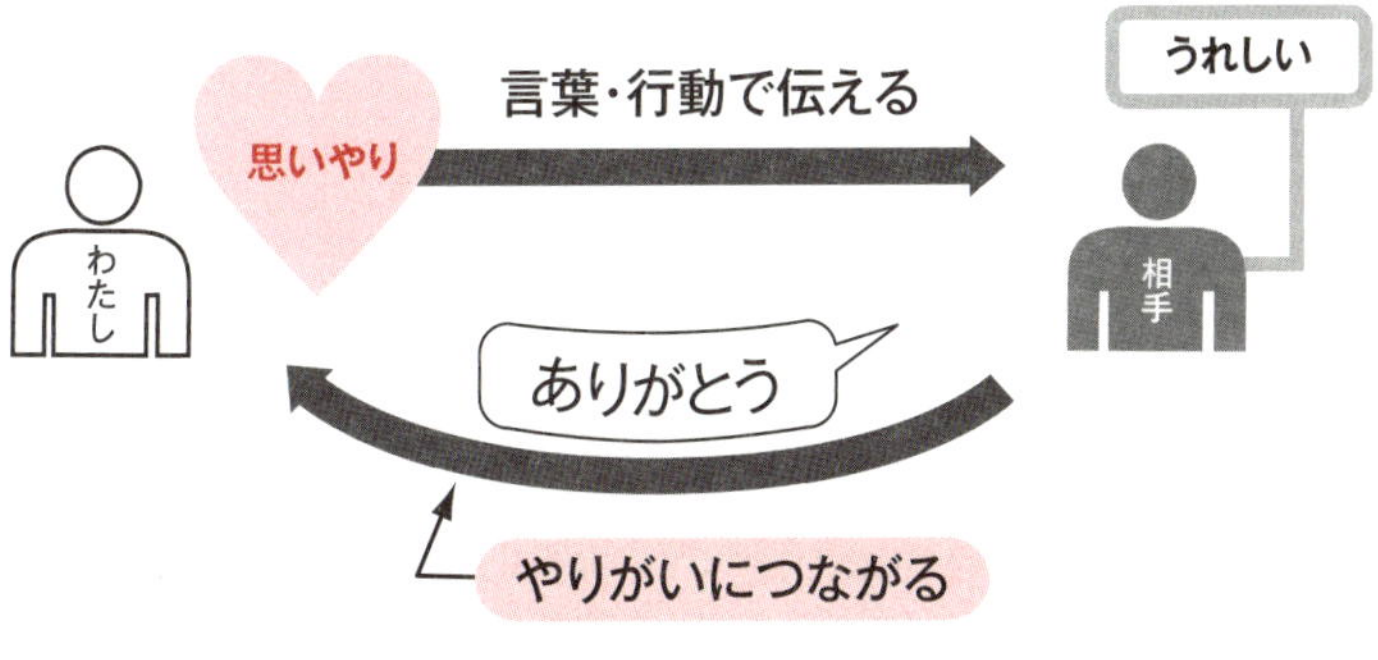

守るべき社会のルールと会社のルール

＊一人ひとりが守るべきコンプライアンス

コンプライアンスという言葉を聞いたことがあるでしょうか？　日本では「法令遵守」の意味で使われ、法律や、社会的な倫理・規則を守って行動する考え方をいいます。

たった1人の社員の違反行為によって、会社の信用がなくなり、お客様が離れ、会社が倒産してしまうことさえ現にあるのです。今では多くの会社でマニュアルを制定したり、ルール化したり、その取り組みが積極的に行

■コンプライアンスの対象となるもの

1. 法規範

法律、条例、その他政府の規制　など

2. 社内規範

社内で決められたルールや業務マニュアル　など

3. 倫理規範

企業倫理や人として守らなければいけない社会的規範

守るのは法律や社内ルールだけではなく、
社会のルールも含まれる

われています。組織で働くということは、働く一人ひとりが決められたルールを守り、当たり前ですが「悪いことをしない！」意識を持つことです。

＊公私混同はコンプライアンス違反の始まり

「コンプライアンスってことは、法律さえ守っておけばいいよね」と簡単に思う方もいるかもしれませんが、違反行為は、大変、身近なところにも潜んでいます。

・職場の事務用品を持ち帰る
・残った仕事を家でやろうとデータを持ち出す
・仕事で知った有名人の個人情報を家族に話す
・職場の重要情報を居酒屋で大きな声で話す

これらは、知らないうちに犯しているコンプライアンス違反の典型例です。仕事とプライベートの境目がなくなっているのも特徴です。**公私混同**は、大きな問題に発展する危険性が高いので、要注意です！

他にもある　コンプライアンス違反の事例

NG

会社のパソコンでSNS	会社書類を電車の中で広げる（他人に見える）
未公開情報を家族に話す（インサイダー）	ソフトウェアの社内流用（著作権侵害）
ハラスメント	プライベートの飲食代を会社に請求

私は大丈夫、と思っていても、職場や仕事に慣れてきた頃が危険

＊ 知らなかったではすまされない個人情報の保護

仕事で関係する個人情報と聞くと、「お客様の氏名・住所・電話番号・生年月日」を連想する人が多いのではないでしょうか。

それらも確かに個人情報ですが、お客様だけでなく、**従業員の情報**も同様に大切に取り扱う必要があります。

例えば、外出中の先輩Aさん宛てに取引先から電話が入りました。「急いでいるからAさんのケータイ番号教えて」と言われても、A先輩の許可なしに勝手に教えてはいけません。

個人情報の取り扱いが厳しくなっている今、組織ごとにも規則・ルール・マニュアルがあります。「知らなかった」ではすまされないので、中身をしっかり確認し、それに従って行動してください。

■大きく3層に分かれる個人情報

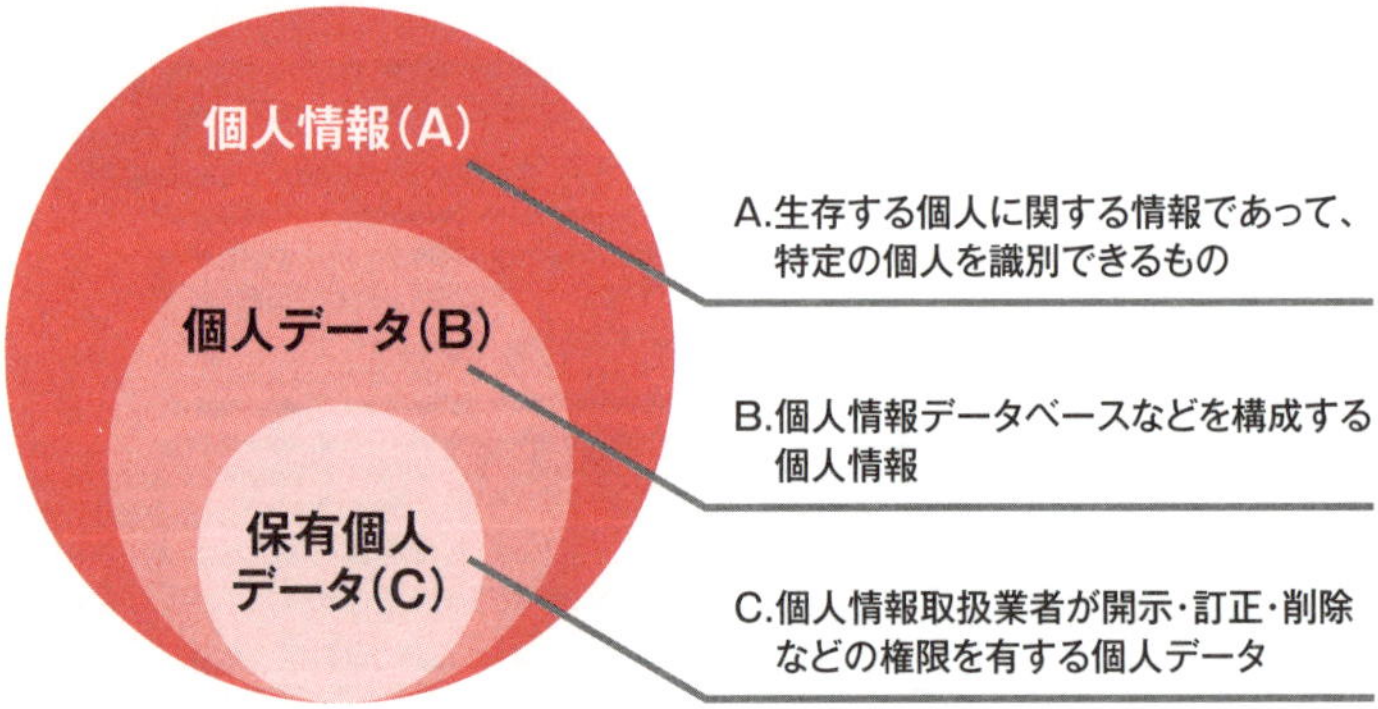

個人情報(A)
個人データ(B)
保有個人データ(C)
A.生存する個人に関する情報であって、特定の個人を識別できるもの
B.個人情報データベースなどを構成する個人情報
C.個人情報取扱業者が開示・訂正・削除などの権限を有する個人データ

社会と会社のルール　セルフチェック

そのとおりだと思うもの、実行できているもの：○
そう思わない、できていない：×

1	大切な書類が入っているカバンは、肌身離さず持っている（電車の網棚に置いたり、目を離したりしない）	
2	運転中は、シートベルトを必ず着用し、携帯電話は使用していない	
3	顧客情報に限らず、社員の情報も個人情報として扱っている	
4	いただいた名刺は、個人情報保護を意識して大切に保管している	
5	個人情報が記載された資料は、シュレッダーにかけるなど、社内ルールに従って廃棄している	
6	知らないアドレスから届く電子メールに添付されているファイルは、安易に開かない	
7	個人のＳＮＳやブログ（日記）に掲載する情報はプライベートに限定し、会社の情報は載せるべきではない	

※SNS（ソーシャルネットワーキングサービス）：インターネット上における、情報発信・情報共有のためのサービス。

正解・正しい行動は、すべて○

×が１つでもついた人は、見識を今すぐ改める

人間関係を決める
出会って数秒の第一印象

＊外見は、内面の一番外側

人の第一印象は、出会ってから数秒で決まります。第一印象を決めるのは、視覚・聴覚・言語の3要素であり、中でも身だしなみ・表情・立ち居振る舞いといった**視覚の要素が与える影響は大きい**のです。私たちは「はじめまして」の段階で、その人のパーソナリティ(個性・人格)まで瞬時に判断しているということです。

人間関係のスタートは、相手に好印象を持ってもらうことから。第一印象をよくすることで、相手に好印象を

■第一印象で重要な基本５原則

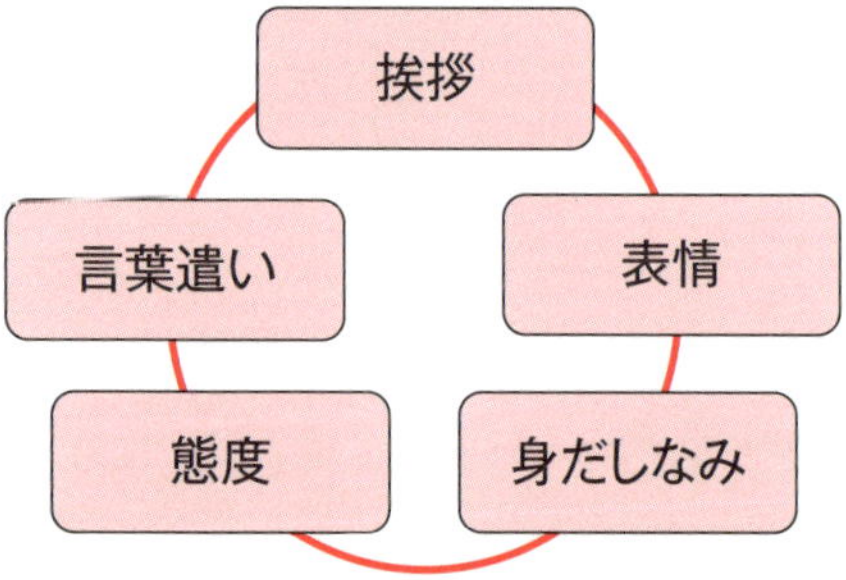

第一印象の良し悪しが、その後の人間関係にも影響する

持ってもらえれば、よい人間関係を築くことにつながり、その後の仕事をスムーズに進めることができます。

第一印象が悪く、相手に不快な気持ちを与えてしまうと、人間関係の構築に時間がかかり、仕事によってはチャンスを逃すかもしれません。第一印象は、ちょっとした工夫で劇的に変化し、誰でも変えられます！

＊第一印象を左右する「身だしなみ」

業種・職種・会社によって身だしなみの基準は様々ですが、ポイントは、「清潔」「調和がとれている」「機能的」の3つです。

身だしなみをチェックする際、「うん、似合っている。OK！」と「自分基準」で合否をつけていませんか？ **身だしなみは「相手基準」**です。例えば、仕事でお会いする方が対象なら、相手の年齢・立場から見て好感が持てる身だしなみかどうか、それが合格基準です。

■身だしなみのポイント

清潔感	機能性	調和
●清潔である ●服に汚れやしわ・乱れがない	●仕事がしやすい服装 ●安全性が保たれている	●企業や職場に合ったスタイル ●TPOにも合っている

3つの条件を満たす外見を常に意識する

＊明るい表情を作って相手の記憶に残す

明るく豊かな表情は、人の心を和ませ、相手の心を開かせ、会話を弾ませます。緊張や不安を抱いている相手にとっては、安心感にもつながります。

人の記憶に残るのは、あなたの顔のパーツではなく、**全体の表情**です。口角と眉を上げることを意識してみてください。表情がパッと明るくなりませんか？　毎朝鏡を見る時に、にっこり笑顔の練習です。

＊自分から実行する挨拶

挨拶は、コミュニケーションの始まりです。「あなたの存在に気づいています」という意思表示のひとつでもあります。気持ちよい挨拶は、その場の空気を明るくします。相手を見て、清々しい挨拶を「自分から」実行していきましょう。

■挨拶とセットで行う　お辞儀の種類

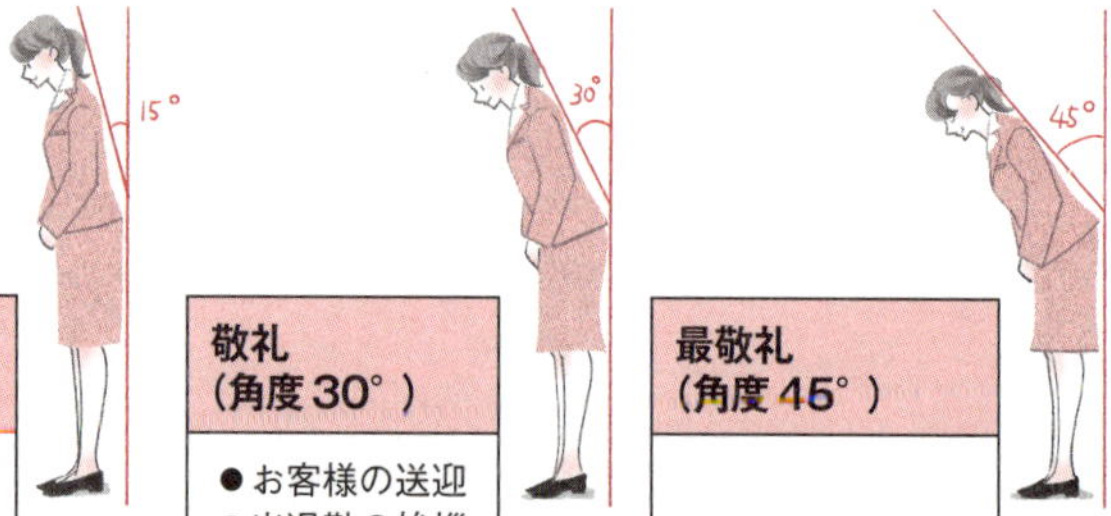

会釈（角度15°）	敬礼（角度30°）	最敬礼（角度45°）
●すれ違う時などの軽いお辞儀	●お客様の送迎 ●出退勤の挨拶 ●ビジネスシーンでもっとも使う挨拶	●お詫びをする時 ●深い感謝の時

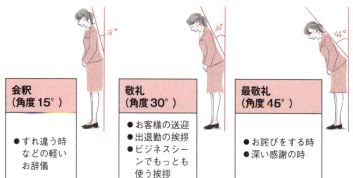

身だしなみセルフチェック

	チェック内容	○△×
髪型	髪の色は明るすぎない	
	前髪が目にかからない	
	お辞儀をした時に髪の毛が顔にかからない	
服装	スーツの場合 ●ビジネスに合った、色、柄を選んでいる ●ポケットのフラップ（ふた）が片方は出ていたり、もう片方は入り込んでいたりしない ●汚れやほつれ、しわがない ●挨拶をするときは、ボタンを留める ●靴下は、スーツと同系色である ●ネクタイは、緩んでない、曲がってない、汚れてない	
	ワイシャツ、ブラウス（インナー）の襟や袖口に汚れがない	
	しっかり磨かれた靴を履いている	
その他	ビジネスシーンにふさわしい時計をしている （大きすぎない、カジュアルすぎない）	
	爪は長すぎず、清潔である	
	誰から見ても、清潔感があり、好感の持てる身だしなみである	

△や×がつかないよう、出社前に必ずチェック

COLUMN よくあるビジネスマナーの○と× ①

可愛がられる新入社員（後輩）の特徴

◆ 上司や先輩に好かれる３つのキーワード

時代が進んでも、**可愛がられる新入社員（後輩）**の特徴は大きく変わりません。私は毎年、新入社員研修を担当させていただく企業の上司や先輩方に、「可愛いと感じる新人や後輩はどんな人ですか？」とお聞きします。その答えとして必ず出てくるキーワードは、①素直、②前向きで一生懸命、③挨拶・お礼ができる、です。

◆ いざという時に助けてもらえるかは普段の振る舞い次第

以下は、実際にあった先輩社員の方の声です。

・指示や説明に対して「はい」と気持ちのよい返事をして、素直にまず受け止める。素直に謝ることができ、言い訳したり、ごまかしたりしない。

・どんな仕事に対しても、真面目に一生懸命に頑張っている後輩が困っていると、つい助けたくなる。

・仕事を教えてあげた後に「ありがとうございます」と言われるのは普通だけど、後日、「昨日（先日）は、ありがとうございました」と言われると、好感が持てる。

・職場の飲み会の翌日、「昨日は本当に楽しかったです。ありがとうございました」と言われた時は、また連れて行ってあげたいと思った。

可愛がられているかどうかは、いざ何か問題があった時にまわりの先輩たちが**気持ちよく助けてくれる**か否か、にも影響します。

「もし私が先輩だったら」と立場を変えて考えてみると、どう振る舞ったらよいか、自然と見えてきますよね。

第2章

ビジネス会話の基本

敬語を正しく使いこなし、
効率的にわかりやすく伝える

相手を考えることがスタートライン

＊ わかりやすく具体的、簡潔でないと伝わらない

ビジネス上の会話は、プライベートの「おしゃべり」とは違います。限られた時間の中で効率的に物事を進めなければなりません。

わかりやすく、具体的に、簡潔に伝えることが求められます。

「正しい敬語で」「結論から話す」「5W3Hで伝える」といったポイントを押さえて、臨機応変に対応することです（27〜41ページ参照）。

■ 5W3Hを意識しよう

5W	3H
Who 誰が【主体】	How どのように【方法】
When いつ【時期】	How many どのくらい【数量】
Where どこで【場所】	How much いくら【費用】
What 何を【内容】	
Why なぜ【理由】	

物事を正確に伝える際に用いる8つの確認事項

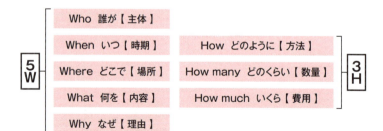

＊話すスピードを意識する

同じ内容を伝えたとしても、話し方や態度によって好感が持てる場合とそうでない場合があります。

例えば、話すスピード。人は、自分と同じスピード・テンポで話す相手に対して、心地よいと感じます。ですから、ゆっくり話す相手には、こちらもゆっくりと。やや早口な相手には、こちらも極力、早めのスピードで話すことです。**相手に合わせる意識**を大切にしましょう。

ちなみに、相手に伝わりやすい理想の速度は「1分間に約300文字」といわれています。これはアナウンサーの方が読む原稿からきています。

下に、102文字の文章があります。こちらを、ストップウォッチで計りながら声に出して読んでみてください。多くの方が、意外と早口な自分に気づくのではな

■いつものスピードで下の文章を読んでみよう

> 人は自分と同じスピードで話す相手に対して、心地よいと感じます。ゆっくり話す相手には、こちらもゆっくりと。やや早口な相手には、こちらも極力早めのスピードで話すことです。相手に合わせる意識を大切にしましょう。
> （句読点含め 102 文字）

↓

理想のスピードは　20秒

いでしょうか。

＊結論から話す

ビジネス会話の基本は、結論から話すことです。その後に、理由や詳細を続けて話します。忙しい人ほど、何が言いたいのかわからない話を聞くことはストレスに感じます。

「来週の部内会議の準備で、3点ご相談があります」

「昨日の○○への対応が完了しましたので、報告いたします」

このように、結論（テーマ）から話し始めます。

職場でよくある、上司をいら立たせる話し方もご紹介しましょう。

上司「昨日お願いした総務への確認はどうなった？」

部下「実はあの後、総務に3回電話したのですが皆さ

■他にもある「わかりやすい」話し方のコツ

数字を使って話を整理する　— ナンバリング ① —

話したいことが複数あるときは、頭に番号をつける（ナンバリング）！

⬇

例）「今回お伝えしたいことは、**全部で3点**です。

1点目は・・・。　**2点目**は・・・。　**3点目**は・・・。」

ナンバリングで相手の頭の中も整理される

ん忙しいらしく、担当の方がなかなか席に……」

結論ではなく、「理由」から話し始めているのがわかりますか？（この時点でいらつく上司もいます）

上司が知りたいのは、確認が取れたのかどうかという結論です。電話をかけた回数ではありません。

まずは、結論の「申し訳ございません。まだ確認が取れておりません（プラス「折り返しの電話を待っている状況です」など）」。その後に、理由や詳細です。

上司の立場を考えると、いつ確認が取れるのか、具体的な回答がほしいわけです。

そこもビジネス会話では重要なポイントです。

相手が一番知りたいことは何かを常に考え、特に知りたいことは、最初（早い段階）に伝えます。

上司は何を知りたがっているのかを先ほどの例で考えると、第一声は決まってきますよね。

■ナンバリングは、「相手」を意識すること

数字を使って話を整理する　— ナンバリング ② —

話す順番は、「相手」目線で考えること!

↓

例）相手が知りたいことから順番に話す（重要度や緊急度の順）
　　相手にとってわかりやすい時系列に話す

相手に合わせてよりわかりやすく整理する

＊ 相手に合わせて話を進める

会話には、相手が存在します。

でも、説明する場面でよく見られますが、相手の反応を無視して一方的に「結論 → 理由 → 詳細」まで長々と話す人がいます。まわりは置き去りです。

「結論 → 理由 → 詳細」の基本の流れは、説明にあたっては有効ですが、**状況に合わせてどこまで話すかを判断**しなければなりません。相手が詳細まですべて聞きたいとは限らず、結論だけでよいこともあります。

「○○も説明してよろしいですか？（続けてよろしいでしょうか）」「ここまで、よろしいでしょうか？」のように、相手が知りたいことや、理解度を確認する一言を入れながら説明することがビジネス会話です。

相手の反応を知るためには、相手の表情や声のトーンに注目し、小さな変化を見逃さないことです。

相手の反応を観察しよう

反応を見逃さないためにもしっかり相手を見て話そう

＊クッション言葉を活用する

何かを依頼するとき、断るとき、言いにくいことを伝えるときに役立つのが、言葉の前に添える「クッション言葉」です。マジックフレーズともいいます。

クッション言葉を添えることで、直接的な表現を避け、全体の雰囲気を柔らかくできます。

例えば、「お待ちください」と「回答してください」に、それぞれクッション言葉を添えてみます。

「恐れ入りますが、お待ちください」
「お手数をおかけしますが、ご回答いただけますでしょうか」

このように、相手に与える印象が、ぐっと丁寧になります。クッション言葉のバリエーションを増やして、日常でも「依頼上手」を目指しましょう。

ビジネスでよく使う「クッション言葉」

依頼する	・恐れ入りますが ・よろしければ ・申し訳ございませんが	・お手数をおかけいたしますが ・ご面倒をおかけいたしますが ・ご都合がよろしければ
断る・お詫び	・申し訳ございませんが ・あいにくでございますが ・失礼とは存じますが	・残念ながら　・恐縮ですが ・せっかくでございますが ・お役に立てずに申し訳ございませんが
その他	・お差し支えなければ ・お言葉を返すようですが	・失礼とは存じますが

敬語の種類とレベルを使い分ける

＊敬語は、相手を敬う気持ちを表したもの

ビジネスの現場では、立場や役割、年齢や経験の違う様々な人とコミュニケーションを取る必要があるため、正しい敬語が求められます。

敬語は、一般的に尊敬語・謙譲語・丁寧語の3つに分類されます。尊敬語は、相手側の行為・ものごと・状態を立てて述べる言葉。謙譲語は自分側の行為・ものごとなどをへりくだって表現することで相手を高める言葉。丁寧語は語尾に「です、ます、ございます」をつけて丁

敬語のバリエーションを理解しよう

尊敬語	謙譲語	丁寧語
主語は相手側	主語は自分側	主語を特定しない
●相手側（または第三者）の行為・ものごと・状態を立てて述べる言葉 ●上司やお客様に使う	●自分側の行為・ものごとなどをへりくだって表現することで相手を高める言葉	●語尾に「です・ます」をつけて、相手や内容を問わずに表現を丁寧にしたい時に使う言葉 ●「です・ます」を「ございます」にするとよりかしこまった表現に変化

敬語は主語で変わってくる

寧に述べる言葉です。

＊ 敬語レベルは相手と場所を考える

ビジネスでは、丁寧な敬語が求められますが、**話す相手・場所にふさわしいかを考えて敬語レベルを決める**ことも必要です。そうしなければ、ガチガチのかたい敬語で不自然な言葉遣いになってしまいます。

例えば、職場の先輩と仕事を離れた場で会話するとき、後輩のあなたがいつまで経ってもマニュアルどおりの敬語を使っていると、心の距離が縮まりません。だからといって急に「ため口」になりましょうと言っているわけではありません。敬語は、相手との関係に合わせて、徐々に崩していってもよいということをお伝えしたいのです。

基本を押さえたうえで、相手と場に合わせて、使い分けていきましょう。

「お」や「ご」をつけて美しく表現する「美化語」

美化語	例）お酒　お料理　ご住所 コーヒー、テレビなどの外来語、 公共物、動物、植物には基本的につけない

美化語は相手に上品で丁寧な印象を与える

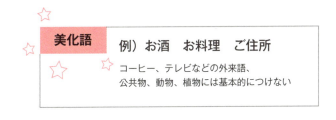

＊「ウチ」と「ソト」の関係で判断する

敬語は、上下関係だけではなく、「ウチ（身内側）」と「ソト（外側）」という考え方も存在します。**高めるべき相手はソトの人**です。ソトの人に話すとき、ウチの人を立てないのが基本です。

違和感のある敬語のひとつとして、ソトの方を相手に、ウチを立てた表現があります（お客様に対して自分の上司を高める表現、家族に対する尊敬語など）。

会社であれば、自社の社員はウチ、社外の方はソトにあたります。

例えば、取引先の方に、自社の社長のことを話す場合、社長はウチなので立てません。勇気がいるかもしれませんが、名前も呼び捨てにしてよいのです。

誰を立てるべきか迷ったら、ウチかソトかで考えるとよいでしょう。

■敬語の使い分け　４つの判断基準

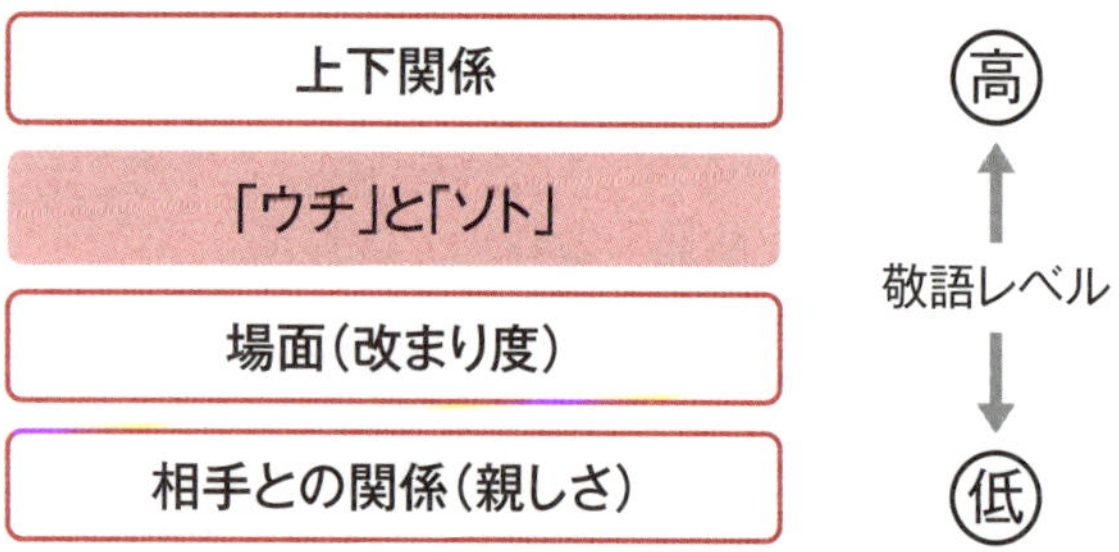
上下関係
「ウチ」と「ソト」
場面（改まり度）
相手との関係（親しさ）
高
敬語レベル
低

場面（会議or居酒屋など）、関係性によっても敬語レベルは変わってくる

敬語の使い方の注意（ウチとソト・上下関係）

ケース① 外部の方との会話

わたし
（新入社員）

お客様

田中部長はいらっしゃいますか？

× 田中部長は今外出されています

○ 部長の田中はただ今外出しております

ポイントは「ウチ」と「ソト」。
「ソト」の方と話す時は、上司・先輩であっても呼び捨てにする。尊敬語ではなく、謙譲語を使用

ケース② 同じ部署の部長と私（新入社員）の会話

わたし
（新入社員）

○○部長

この件についてどう思う？

× 部長のご提案に対して、
佐々木課長が申し上げたとおり……

○ 部長のご提案に対して、
佐々木課長がおっしゃるとおり……

組織の中での会話で、上司や先輩に対しては常に尊敬語を使用する（その方がいないところで話題にする際も）

ビジネスシーンでよく使う敬語一覧

基本形	尊敬語	謙譲語	丁寧語
する	なさる・される	いたす・ させていただく	します
いる	いらっしゃる	おる	います
言う	おっしゃる	申す・申し上げる	言います
見る	ご覧になる	拝見する	見ます
行く	いらっしゃる・ おいでになる	伺う・参る	行きます
来る	お越しになる	伺う・参る	来ます
帰る	帰られる・ お帰りになる	失礼する・ おいとまする	帰ります
聞く	お聞きになる・ 聞かれる	お聞きする・ 拝聴する	聞きます
会う	お会いになる・ 会われる	お会いする・ お目にかかる	会います
知る	ご存じ	存じる・ 存じ上げる	知っています
食べる	召し上がる	いただく	食べます
もらう	お受け取りになる・ お納めになる	いただく・ 頂戴する・拝受する	もらいます
わかる	おわかりになる	承知する・かしこまる	わかります

あらたまった表現の例

【呼び名に関する言葉】

相手側		自分側
○○様	本人	私(わたくし)、こちら、当方
どちら様、あちらの方	あの人	あの者
御社、貴社(文面で使用)	会社	弊社、当社、わたくしども
お連れ様、ご同行の方	同行者	連れの者、同行の者
お父様、ご尊父、お母様、ご母堂、ご子息、ご令嬢	家族	父、母、兄、姉、息子、娘

【時制や場所に関する言葉】

普通語	改まった言葉
今日	ほんじつ(本日)
きのう(昨日)	さくじつ(昨日)
おととい(一昨日)	いっさくじつ(一昨日)
あした(明日)	あす・みょうにち(明日)
あさって(明後日)	みょうごにち(明後日)

普通語	改まった言葉
この前・このあいだ	先日
さっき	先ほど
あとで	のちほど
少し、ちょっと	少々
こっち・あっち そっち・どっち	こちら・あちら そちら・どちら

ビジネスシーンにふさわしくない表現

＊二重敬語はまわりくどい

1つの語について、同じ種類の敬語を二重に使ったものを「二重敬語」と呼びます。

相手への敬意を意識しすぎると、ついつい二重敬語を使いがちです。二重敬語でも丁寧に話そうという気持ちは伝わるので、相手を不快にすることはないでしょう。

ただし、二重敬語はまわりくどい印象を与えることがありますので、1つの語には1つの敬語でスッキリ表現することが望ましいです。

■ありがちな二重敬語の例

×の例		正解
部長がおっしゃられていました	➡	部長がおっしゃっていました
お越しになられました	➡	お越しになりました
うかがわせていただきます	➡	うかがいます
ご注文をお承りします	➡	ご注文を承ります

「お（ご）」＋「～になる」や、「～（ら）れる」の時は要注意

＊知らず知らずのうちに使いがちな上から目線の敬語

敬語には、目上の方に使うと失礼にあたる表現があります。

正しく使っているつもりでも、無意識に相手を不快にさせているかもしれない代表的な言葉を解説します（すべての方が不快に感じるわけではありません。言われた側の受け止め方や、両者の信頼関係も影響します）。

知らないと使ってしまう代表例は、部下が上司に対してかける、**「ご苦労さまです」**の言葉です（下欄参照）。**「お暇な時に」**も、使用を避けたい言葉です。ある若手社員の方が上司に対して、「お暇な時にでも見ておいてください」と言って書類を渡したとします。その時の上司は恐らく、「おいおい、暇なんてないんだよ……」と心で思っているはずです。この場合、「お手すきの際に」

目上の方に使うと失礼な表現

避けたい言葉の例	説明
ご苦労さまです	目上の人が目下の人にかける「ねぎらい」の言葉でなので、「お疲れ様です」がふさわしい
いつもお世話様です	世話になった相手への謝意を表すが、敬意が軽い。「いつもお世話になっております」がより丁寧
大変、感心いたしました	「感心」は、評価する時にも使う言葉のため避けたい。「感銘」を使うとよい
○○様の頑張りのおかげです	「頑張りのおかげ」は「ほめる」意味のため、目上の方には使わない。「ご尽力」を使うとよい

失礼な表現と「知らず」に使っている人も多い

を使うのがビジネスにふさわしい言葉です。

＊アルバイト敬語はビジネスでは使えない

飲食店やコンビニエンスストアの店員が使うマニュアル化された言葉を「アルバイト敬語」と呼びます。なかには誤ったまま定着してしまった敬語があります。

以下の例は、どこが誤っているのかわかりますか？

×　ご注文は以上でよろしかったでしょうか？

×　メニューのほうをお持ちしました

×　こちらがコーヒーになります

×　千円からお預かりします

×　○円とレシートのお返しです

名前のとおり「アルバイト」敬語は、アルバイトの立場だからこそ許される（であろう）敬語です。よく耳にしますが間違いですので、下欄を参照して正しく言い換えましょう。

アルバイト敬語の正しい変換

アルバイト敬語		正しい表現
ご注文は以上でよろしかったでしょうか？	→	ご注文は以上でよろしいでしょうか？
メニューのほうをお持ちしました	→	メニューをお持ちしました
こちらがコーヒーになります	→	コーヒーでございます コーヒーをお持ちしました
千円からお預かりします （お釣りあり/なし）	→	千円、お預かりします（お釣りあり） 千円、頂戴します（お釣りなし）
○円とレシートのお返しです	→	○円のお返しと、 レシートでございます

社会人になってもアルバイト敬語を使っていると、違和感を感じる

＊高める相手を間違えている敬語

最近よく聞かれるのが「させていただく」という言葉です。口癖のように、いつでも使う方がいます。

結婚発表のシーンで、「このたび、○○さんと結婚させていただきました」。自己紹介で「この春、○○大学を卒業させていただき……」。

高める相手を間違えているので、実に不自然です。

「させていただく」は、相手の「依頼や許可」を受けて行うことや、恩恵を受ける場面で使う言葉です。

第三者への報告であれば、

「このたび、○○さんと結婚いたしました」

「この春、○○大学を卒業いたしました」

話す相手の許可、依頼、恩恵も受けていない時は、「いたします（いたしました）」でかまわないのです。

■必要のない「させていただく」

間違った敬語		正しい表現（第三者に対して）
このたび、 入籍させていただくこととなりました	➡	このたび、入籍いたしました
○○は本日、 休ませていただいております	➡	○○は本日、休んでおります
書かさせていただきます	➡	書かせていただきます

「させていただく」 を減らして、スッキリ話そう

COLUMN よくあるビジネスマナーの○と× ②

お願い上手・指示上手な人が使っている「依頼形」

◆ 言葉の変換で言いにくいことを言いやすくする

年上の人に仕事の指示を出さなければならない、お客様や職場の上司に無理なお願いをしなければならない――このようなケースに直面し、「なんだか言いにくいな」と悩んだご経験、ありませんか？

表現を少し工夫するだけで、気持ちよく伝えられ、言われる相手にとっても好感が持てる伝え方があります。それは、**命令的・指示的表現を依頼的表現に変える**ことです。

◆ 変換すれば相手の受け取り方がぜんぜん違う

「〜してください」を、「していただけますか？」「していただけますでしょうか？」「していただけませんでしょうか？」に置き換えます。さらに、クッション言葉（31ページ）を添えると、より丁寧です。

「早く提出してください」→「お忙しいところ申し訳ございませんが、早く提出していただけますか？」

「仕事の手順を変えてください」→「大変申し訳ないのですが、仕事の手順を変えていただけませんでしょうか？」

同じことをお願いされても、命令されるのと、依頼されるのでは、受け取り方が違ってきますよね。

相手を気持ちよく動かしている人は、常に「依頼形」で仕事を進めているのです。

第 3 章

電話応対での常識

相手が見えないからこそ対話を大切にし、
言葉遣いに注意する

応対の基本と大切な心がまえ

＊電話応対は仕事を覚えるチャンス

新社会人の方だけでなく、職場や仕事が変わった方から「電話が苦手で……」という言葉をよく聞きます。まず、この苦手意識を払拭したいものです。

それにはまず、電話を取ることで得られるものは何があるか、考えてみてください。

・取引先を覚える（覚えてもらえる）
・他の方がどんな仕事をしているのかがわかる
・日頃、話す機会がない方ともコミュニケーションが

■電話に出るすべての人が、会社の代表である意識を持つこと

電話に出たあなたが（　　会社名　　）の代表です。

電話に出たあなたのイメージが
（　　会社名　　）のイメージになります。

新入社員 ＝ 電話の経験が浅い、という事情は、相手には関係ない

生まれる

他にもまだまだあります。

電話応対は情報の宝庫です。つまり、電話を取る数に比例して知識が増し、仕事を覚えることにもつながります。コールが鳴ったらチャンスです！　積極的にチャンスをつかみに行ってください。

＊相手が見えないからこそ気を使う

電話には、「声だけが頼り」「コスト（料金・時間）がかかる」「相手の姿や状況が見えない」といった特性があります。だからこそ、対面以上に声のトーンや言葉遣いが非常に重要です。

態度は、声に表れます。そのため、**目の前に相手がいるように話す**ことがポイントです。そして、電話に出るすべての方が、組織の代表である意識を持つことが重要です。

電話の特性をつかんでおこう

声だけが頼り	コストがかかる
相手の時間に割り込む	相手の姿や状況が見えない

言葉だけでのやり取りだからこそ言葉を大切に

＊ 相手が聞き取りやすい声で「はっきり」話す

電話応対の研修で、「私、滑舌が悪くて……」といった話をよく聞きます。滑舌とは話す時の滑らかさで、滑舌をよくするには**継続的な練習**が必要です。

先日、訪問したある企業では、毎日、朝礼で早口言葉を唱和していました。これにより、社員全員がはっきりわかりやすく話すようになったそうです。

はじめは、明瞭に発音することを意識し、慣れたら徐々にスピードアップです。姿勢を正して、笑顔で次のような早口言葉を練習してみてください。

・お綾や　お母上に　お謝りなさい
・ジャズ歌手シャンソン歌手　新人シャンソン歌手の
　新春シャンソンショー
・特許を　許可する　東京都　特許許可局
・青巻紙　赤巻紙　黄巻紙　長巻紙　巻巻紙　紙巻紙

■滑舌の改善は練習あるのみ

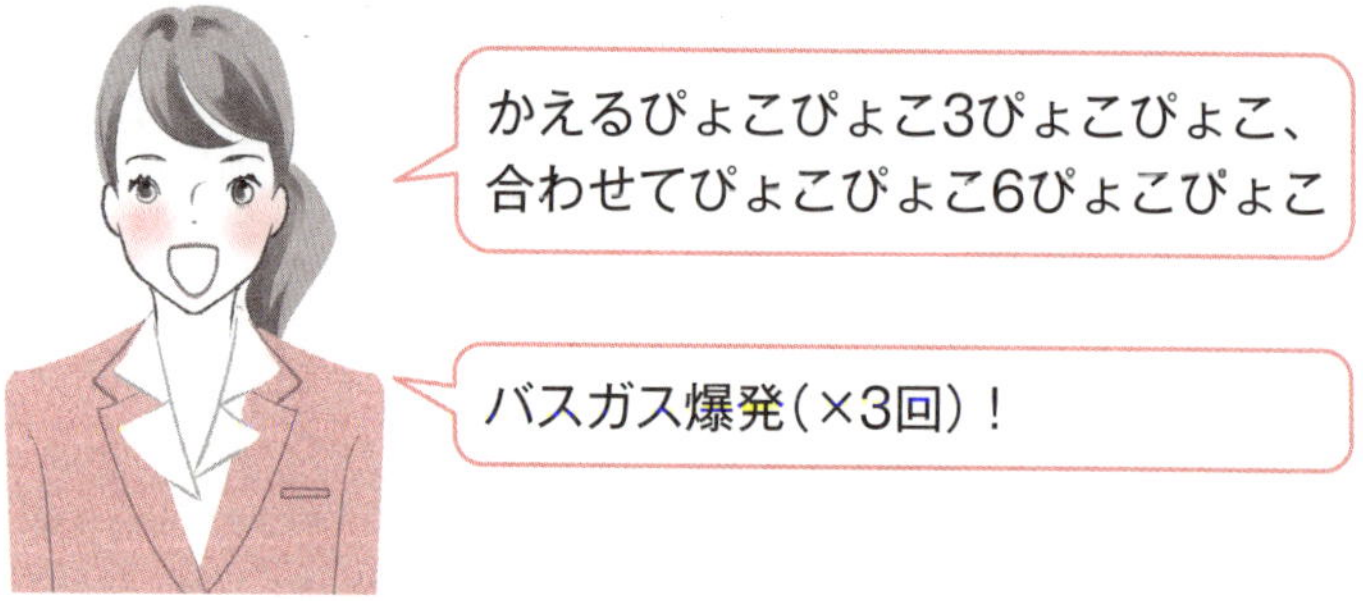
かえるぴょこぴょこ3ぴょこぴょこ、合わせてぴょこぴょこ6ぴょこぴょこ
バスガス爆発（×3回）！

トレーニング中は笑顔も忘れずに

電話応対　9つの心がまえチェック

心がまえ	ポイント	チェック
①迅速かつ丁寧	・コールが鳴ったら3コール以内にすぐに出る ・電話の特性を踏まえたうえで、感情を込めて丁寧に対応する	□
②正しい姿勢	・目の前に相手がいる、という意識で対応する	□
③笑顔で笑声	・笑顔を心がけ、明るい声で話す	□
④挨拶と名乗り	・組織の代表として、挨拶と名乗りをはっきり言う	□
⑤わかりやすい話し方	・あいまいな表現を避け、簡潔明瞭に相手の理解度に合わせた話し方を心がける ・要領よくまとめて話す 例）ご連絡が3点ございます。1点目は○○、2点目は■■	□
⑥豊かな表現	・クッション言葉を取り入れ、相手がイメージしやすい表現を使う	□
⑦声の表情	・いつもより1段高いトーンで、相手に合わせてゆっくり聞き取りやすく話す	□
⑧傾聴	・途中でさえぎることなく、相手の話を最後まで全力で聞く	□
⑨言葉遣い	・正しい敬語で話すことを心がける	□

心がまえができたらさっそく実践してみよう！

受け方・取り次ぎ方・かけ方の基本

＊目指せ3コール以内！

近年、電話に出る際、「3コール以内に出る」ことがあらゆる組織の基準とされています。1コールはおよそ3秒なので、3コールだと約9秒。つまり、10秒以内に出ましょう、ということです。

電話をかける側は、10秒以上も出なければ、「どうしたんだろう」という気持ちが芽生え、中にはコール数が増すごとに不安やいら立ちを感じる方もいます。

3コール以上の場合は「お待たせいたしました」。5

■3コール以内にいつでも電話を取れる準備を

RRRR
メモを取る準備はできていますか？
コールが鳴ったら、利き手にはペン！

携帯電話の場合は1コールでも早く出る努力を

コール以上なら「大変お待たせいたしました」と言いながら、言葉に気持ちを込めて電話に出ましょう。

＊最初と最後の応対が印象を大きく左右する

電話応対では、最初と最後の印象がその電話すべての印象を決めると言っても過言ではありません。最初とは、「名乗り、挨拶、相手の確認」まで。最後とは「最後の挨拶、名乗り、電話の切り方」です。

多くの電話をモニタリングしてきましたが、最初の名乗り、組織名、自分の名前を、早口で流すように言っている方が実に多いのです。これは、毎日のように言っていることなので機械的になるからです。「間違いなくかかったか」を確認したい相手に対して、そもそも**聞き取れない名乗りと挨拶は、不快感を与えます**。

そして、最後の部分は、電話を切った後に残る余韻となり、すべての（組織の）印象につながります。

■会社の印象は、この3〜6秒で決まる

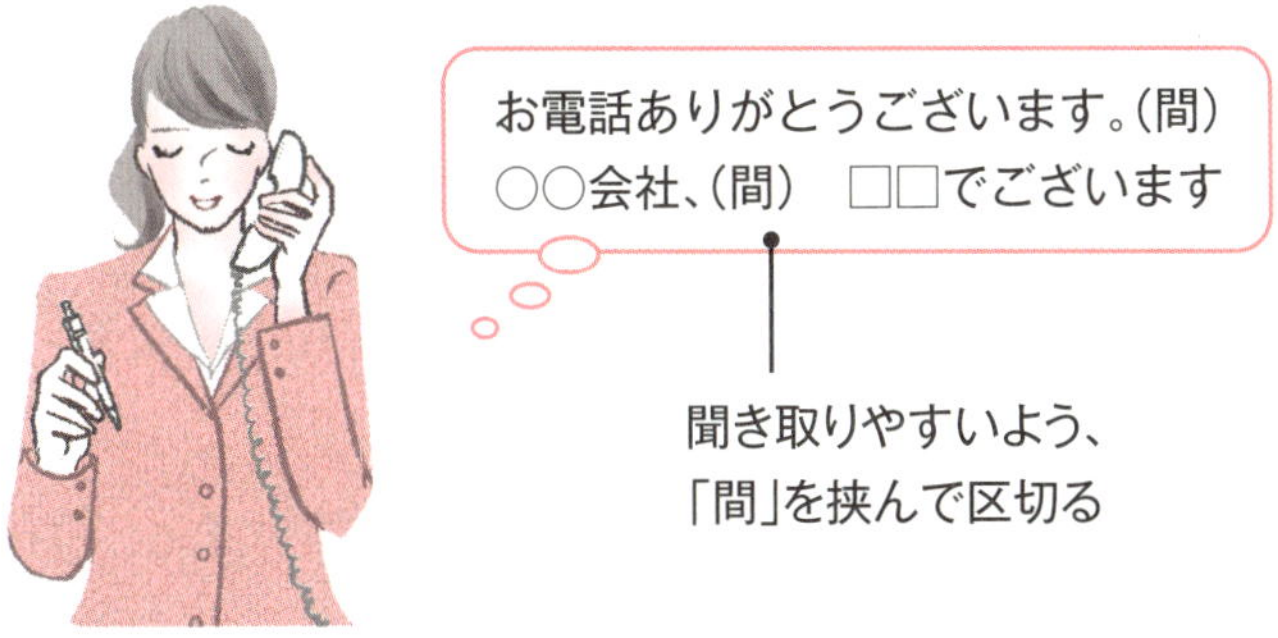
お電話ありがとうございます。（間）
○○会社、（間）　□□でございます
聞き取りやすいよう、
「間」を挟んで区切る

「あなた」ではなく、「会社」の印象が決まってしまう！

最初と最後を、はっきり、ゆっくり、丁寧に。まずはここを意識して、電話に出てみましょう。

＊ 相手の意向を確認する

例えば、現在、外出をしている先輩の田中さん宛てに取引先から電話がかかってきました。

「申し訳ございません。田中は外出しております。戻りましたら折り返しご連絡しますので、お電話番号をお願いします」。さてこれは「親切」な応対でしょうか。決してバツではありませんが、一方的ですよね。相手は、折り返しの電話を望んでいないかもしれません。

このような場合、「よろしければ、折り返しいたしましょうか？」「どのようにいたしましょうか？」と相手の意向を確認し、それに合わせて応対することです。名指し人が不在の場合は必ず相手の意向を確認！　ここがポイントです。

他にも使える　意向を聞く言葉

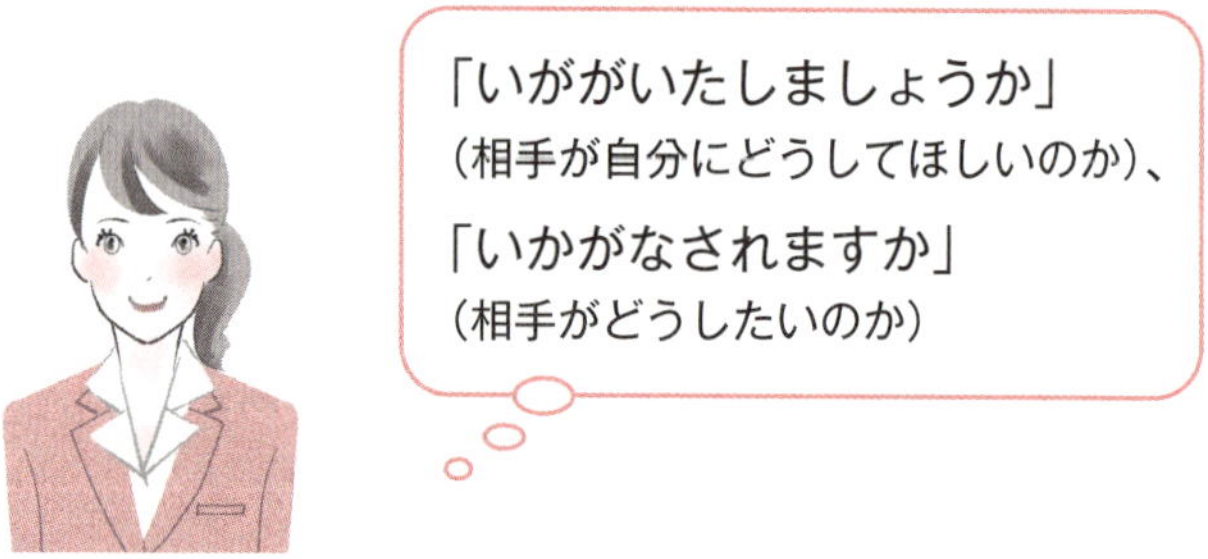
「いかがいたしましょうか」
（相手が自分にどうしてほしいのか）、
「いかがなされますか」
（相手がどうしたいのか）

ビジネスでは、「どうしますか」を丁寧に言い換える

＊復唱確認はミス防止のためだけではない！

聞き間違いを防止するため、承った電話番号や伝言は、必ず復唱することです。「復唱いたします」「復唱させていただいてもよろしいでしょうか」と添えるのも丁寧です。

実は、復唱をすると、聞き間違いの防止だけでなく、相手に**伝わった安心感**を与え、何より会話のキャッチボールがたくさん生まれる効果もあるのです。

相手「A社の山田です」

→私「A社の山田様でいらっしゃいますね」

相手「田中様いますか？」→私「田中でございますね」

相手「○○がまだ届かなくて」

→私「○○がまだ届かない、ということなのですね」

顔が見えない電話だからこそ、対話が大切。相手の言葉を受け止める復唱を増やしましょう。

聞き間違いの多い数字に注意

・1（いち）と7（しち）→1は「いち」のまま、7は**「なな」**と言う

・4日（よっか）と8日（ようか）
→4日は**「よんにち」**、8日は**「はちにち」**と言う

日にちは必ず曜日とセットで復唱を

電話の受け方・取り次ぎの流れをつかんでおこう①

電話に出る

トゥルルルルル、トゥルルルルル♪

あなた

お電話ありがとうございます。○○会社　☆☆部の ×× でございます

お客様

私、□□会社の△△と申します

- 3コール以内に出る
- 3コール以上は「お待たせいたしました」
- 5コール以上は「大変お待たせいたしました」
- 10時30分頃までは、「おはようございます。○○会社の××でございます」

相手を確認

□□会社の△△様でいらっしゃいますね。
いつも大変お世話になっております

こちらこそお世話になっています。
恐れ入りますが、田中様はいらっしゃいますか？

- 相手の名前を復唱する
- 名乗らない場合は、聞く
- 「失礼ですが、どちら様でいらっしゃいますか？」
- 「恐れ入りますが、お名前をお伺いしてもよろしいでしょうか？」

不　在

不在のお詫び

大変申し訳ございません。田中はただいま席を外しており 14 時に戻る予定でございます

意向を聞く

戻りましたら、こちらからご連絡をいたしましょうか？

在　席

取り次ぐ

田中でございますね。かしこまりました。少々お待ちいただけますでしょうか？
（名指し人に取り次ぎ）

保留ボタンを押して、30秒以内に取り次ぐ

- 不在を伝えるだけでは不十分
- こちらから提案、相手の意向を確認する

電話の受け方・取り次ぎの流れをつかんでおこう②

	返電or伝言希望	返電&伝言不要	
用件を復唱	復唱いたします。(内容)(電話番号)でございますね。田中が戻りましたら、確かに申し伝えます		・電話の弱点である聞き違いを防ぐため、必ず用件(電話番号)を復唱する
電話を切る	私、×× が承りました。お電話ありがとうございました。それでは、失礼いたします	かしこまりました。それでは、○○様からお電話があったことを申し伝えます。お電話ありがとうございました。失礼いたします	・自分の名前を再度言うことで、安心感が増す ・相手が切ったことを確認してから、静かに受話器を置く ※通常は「かけた」ほうが先に切る。ただし、相手が目上の方、お客様の場合は、かけた場合でも待つ

【お客様の声】電話をかけた際、不快に感じたケースより

「つながった瞬間、一瞬笑い声が聞こえ、その後に、『あっ、○○会社です』と言われた」
「謝罪を受けている時に、電話の向こうから大きな笑い声が聞こえてきて不快だった」
「面倒くさそうに電話に出られた(低い声で事務的)」

周囲で電話をしている人がいる場合、あなた自身も配慮の気持ちを忘れずに

電話のかけ方の流れ

事前準備

話す内容を想定して、
・必要な資料
・メモ
・スケジュール帳、などを準備する

挨拶

例）私、□□会社の△△と申します。
いつも大変お世話になっております

取り次ぎを依頼

恐れ入りますが、××部の◎◎様はいらっしゃいますか？

不　在

意向を伝える

それでは、
・改めてこちらからお電話いたします
・ご伝言をお願いできますか？
・折り返しお電話をいただいてもよろしいでしょうか？

在　席

挨拶

いつもお世話になっております。□□会社の△△でございます

用件を伝える

今、お時間よろしいでしょうか？
（内容）の件について、2点ご確認したく、お電話いたしました

挨拶

（内容に合わせて）
・お忙しい中、ありがとうございました
・お手数ですが、よろしくお願いいたします

電話を切る

それでは、失礼いたします

クレーム電話対応　5つの基本手順

商品やサービスが、お客様の**期待値に達していないとき**、不満が生じます。不満を感じたお客様の一部が、怒りや、疑問をもって問い合わせてくるのがクレーム電話です。電話の応対では、以下のポイントを押さえることが重要。高度なテクニックは必要ありません。

手順1
当事者意識を持つ

すべての電話に対して、組織の代表として応対する。
「私には関係ない」という態度が、さらにクレームを大きくする

初期謝罪

こちらに非があるかどうかわからなくても、**不快な思いをさせたことに対して**、まずお詫びをする

例 ご不快なお気持ちにさせてしまい、申し訳ございませんでした

注意 内容を把握するまで、「すべてこちらの責任です」といった全面謝罪はしない

手順2
傾聴する

・お客様の気がすむまで、最低でも**3分間**は聴く
・まるで目の前にお客様がいるように、態度・表情も意識して聴く

ポイント 明るくハキハキしない。適度にあいづちや復唱を入れ、話を遮らない

手順3
状況を把握するための質問をする

・「何が問題になっているのか」「どうしたいのか」、事実確認のための質問をする
・お客様が言葉にしていない思いや真意を聞き出す質問をする

手順4
解決策を提示する

お客様の気持ちが落ち着いてから、代替案、解決策を具体的に伝える

手順5
感謝の言葉

最終謝罪と、クレームを申し出てくれたことに感謝する

例 今後、このようなことのないよう十分注意いたします。貴重なご意見を（ご指摘をいただき）、ありがとうございました

クレームを申し出るお客様は、
期待や希望をもってくれていることを忘れない

ビジネス電話でよく使う表現

＊応対上達のコツはフレーズで覚えること

毎年4～5月は、多くの新社会人向け電話応対研修を行います。本番を想定したロールプレイングで皆さんが苦戦するのは、うまく言葉が出てこないことです。なかには、途中で黙ってしまう方もいます。

44ページで「電話が苦手な方が多い」とお伝えしました。理由を詳しくお聞きすると、本当に苦手なのは電話そのものではなく、敬語や電話特有の言い回しを苦手とする方が圧倒的に多いのです。

新人の方から「どうすればスラスラと話せますか」と質問を受けた際、「丸暗記でもいいので**フレーズで覚えること**」「声に出して練習すること」とアドバイスします。自分の中に入っていない言葉は、本番で出てきません。本番のためにも、棒読みではなく、気持ちを込めて繰り返し練習です。

＊どこまで伝えるかは職場のルールに従う

名指し人が不在の場合、不在理由によっては、社内の状況を外部に漏らすことにもつながりかねません。

例えば、ある若手社員が親切心で、「営業の△△は**○○県**に出張しております」と相手に言いました。その瞬間、先方の声のトーンが明らかに下がったのです。実は○○県は、電話相手のライバル社の本社がある県でした（事実、そのライバル社に出張していました）。

名指し人が不在の場合、相手が知りたいのは、名指し

■**休憩を伝えるかどうかも職場によって異なる**

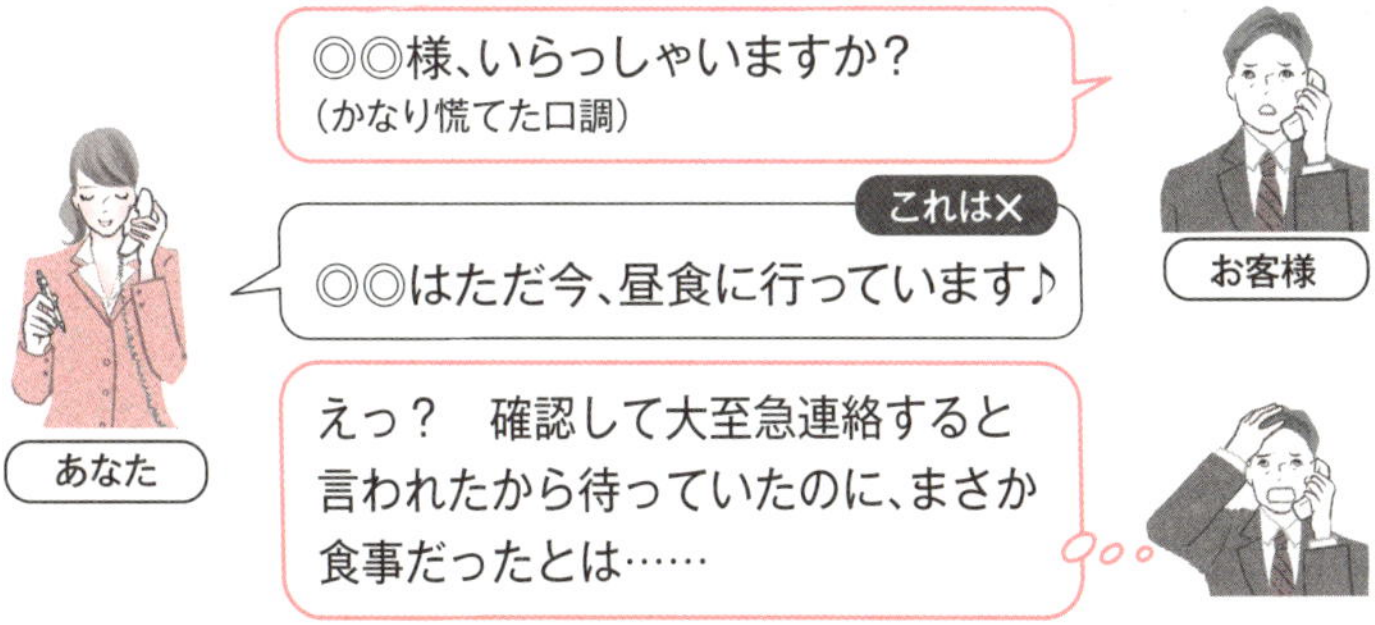

◎◎様、いらっしゃいますか？
（かなり慌てた口調）
お客様
これは×
◎◎はただ今、昼食に行っています♪
あなた
えっ？　確認して大至急連絡すると言われたから待っていたのに、まさか食事だったとは……

「席を外している＋●分後に戻る」と伝えれば、情報として十分

人がどこに行っていて、何をしているのかではなく、「いつ戻るのか」「（緊急の場合）どうすれば連絡が取れるのか」です。伝えるのはこの部分です。

会議中、昼休憩などと伝えなくても、「席を外している」「外出」で十分なこともあります。

＊ 感じのよい応対者はプラスαの一言がある

例えば、相手の状況に合わせた「お待ちしております」「お気をつけてお越しください」「お大事になさってください」のような言葉。マニュアルでも、増え続ける自動音声でも対応できない部分です。

電話でよく使う表現（59ページ参照）は少なくとも使いこなしたいですが、加えて応対者の人柄が表れるのはこのようなプラスαの一言でしょう。姿が見えない電話で、いかに相手の状況を想像できるか。その姿勢が、温かい電話応対につながるのです。

電話応対で覚えておきたい　よく使う表現

場面	フレーズ例（クッション言葉は多数あり）
①相手が名乗らない場合	「恐れ入りますが、お名前をおうかがいしてもよろしいでしょうか」 「失礼ですが、御社名とお名前をお願いできますでしょうか」
②電話の声が聞き取れないとき	「恐れ入ります。お電話が少々遠いようでございます」（声が小さい） 「恐れ入ります。少々、電波の状況が悪いようです。もう一度……」（電波が悪い）
③名指し人が不在	「申し訳ございません。△△はただ今、席を外しております」（建物内にいる） 「申し訳ございません。△△はただ今、会議に出ております」
④名指し人が外出中	「申し訳ございません。△△は外出しており、●時に戻る予定でございます」 「申し訳ございません。△△は出張に出ておりまして、●日に出社する予定でございます」
⑤名指し人が電話中	「申し訳ございません。あいにく△△は他の電話に出ております」
⑥名指し人が休み	「申し訳ございません。本日△△は休みを取っておりまして、明日出社予定でございます」 「あいにく、本日、山田は休んでおります。よろしければご用件を承りますが……」
⑦名指し人が帰宅	「申し訳ございません。本日△△は、失礼させていただきました」
⑧代わりに用件を聞く	「もしお差し支えなければ、私□□がご用件を承りますが……」
⑨電話をかけ直す約束	「戻りましたら、△△様へお電話するように申し伝えます」（代理で対応した場合）

周りの先輩の電話応対をよく聞き、
フレーズを真似るのも上達への近道

携帯電話・スマートフォンのマナー

＊ビジネスに欠かせない携帯電話

近年のビジネススタイルにおいて、携帯電話・スマートフォンは仕事に欠かせないツールです。特に外回りの方や、社外で仕事をする方にとっては必需品。

携帯電話でも固定電話でも基本的なマナーは変わりません。しかし、手軽にどこでも便利に使える携帯電話だからこそ、仕事としての意識が薄れる傾向や、マナー違反をしてしまうことがあります。

まずは、誰かに聞かれている可能性を常に意識するこ

■それぞれの特徴を知り、正しく使うことが求められる時代へ

相手が使っている機器の知識も持っておきたい

と。そして、ビジネ電話の基本はあくまで固定電話と考える人もいる、という事実を忘れないことです。

＊社会のルールを守る

携帯電話・スマートフォンの使用にあたっては、ビジネス以前に、社会のルールを守る必要があります。ルールを逸脱した場合、あなたのモラルではなく、**会社としてのモラル**が問われます。

そして、公私混同をしないことです。会社から貸与された機器、電話番号、メールアドレスを使用しているという意識を忘れてはいけません。

社会のルールの例は次のとおりです。

・使用禁止の場所では電源オフ（病院など）
・運転中の使用禁止（手で保持しての使用は罰則）
・静かな場所では声のトーンを抑える。移動する
・列車内ではマナーモードにし通話は控える

■運転中の携帯電話の使用ルールを厳守

運転中に携帯電話やPHSを手に持って通話する

携帯電話などでメールやインターネットをするために画面を見る

⇩

どちらも交通違反。罰金と免許の減点の対象になる（2016年12月時点）

社会のルールに合わせて、自分の行動も変えていこう

・携帯電話のカメラ機能は基本的に使用を控える。仮に人や商品を撮影する際は相手の了承を得る

＊相手の携帯電話にかける時のマナー

携帯電話にかける際、注意したいことは、相手が電話に出たからといって、**いきなり用件を話し始めない**ことです。

電話の特性（45ページ参照）で触れたとおり、相手の姿や状況が見えないためです。必ず、本人が出たかを確認し、「今、よろしいでしょうか？」や、「今、○分ほどお話をしてもよろしいでしょうか？」と断りを入れたうえで、用件に入りましょう。

例えば、電話を切った1分後、同じ相手にリダイヤルする時も同じです。1分後でも、相手は移動しているかもしれませんよね。「先ほどの件ですが、今お話ししてもよろしいでしょうか」のように再び確認です。

携帯電話・スマートフォン　マナーチェック

	チェックポイント	チェック
携帯電話にかける	①電話に出た相手が「はい」としか言わなかった場合、「○○様の携帯でよろしいでしょうか」と本人の確認をしている	☐
	②「今、お時間よろしいでしょうか」「今、お話をしてもよろしいでしょうか」と毎回、断りを入れてから用件に入っている	☐
携帯電話からかける	③周囲の騒音や、電波の状況を確認したうえでかけている	☐
	④重要な情報を伝える場合、静かな場所で、周りに人がいないことを確認してかけている	☐
その他、全般	⑤会議や商談、打ち合わせの際は携帯電話の電源を切るなど、周囲への配慮をしている（社内会議の場合は職場のルールに従っている）	☐
	⑥お客様への連絡は緊急の場合や、お客様から「直接携帯電話にかけてOK」と言われた場合を除いては、基本的に「固定電話」にかけるようにしている	☐
	⑦外で携帯電話に出る時、かける時、誰かに聞かれる危険性を常に意識している	☐

Q 社員の携帯電話番号を教えてほしいと言われたら？

A 「こちらで連絡を取り、本人から連絡させます」と伝えましょう

※お客様へ伝えてもよい職場ルールの場合は除く

人込みの中で着信したら、迷惑にならないよう端に移動する

COLUMN よくあるビジネスマナーの○と× ③

がんばりましょう

それでもやはり、電話に出るのは新人の仕事！

◆ 多くの上司や先輩は新人が電話を取るものと思っている

もしかしたら古い考え方、と思う方もいらっしゃるかもしれませんが、皆さんの上司や先輩方の多くは、「電話に出るのは新人の仕事」と指導を受けてきた世代でしょう。

◆ 電話を取ることで自己アピールにもなる

ある日、まったく電話を取らない新入社員Aさんに、まわりの先輩方が困っているという話を聞きました。そこで、Aさんに理由を聞いてみたところ、「私が電話に出ても、お客様の質問に答えられませんし。取り次いだり、折り返ししたり、結局時間がかかるだけです。なんでも答えられる先輩が電話に出て回答したほうが、効率がよいと思うので出ないんです」と。

効率を第一に考えると、間違いではないのですが……。

先輩方が「電話に出るのは新人の仕事！」と言うのは、44ページでお伝えしたとおり、電話を取ることで、得られることや覚える仕事が山ほどある、だから出た方がよい、ということを伝えているのです。

ある会社の役員の方が「今年の新入社員はいいい！　やる気が素晴らしい！」と研修を担当した私に、満面の笑みで言ってきました。私の印象では、一昨年の新人さんのほうが意欲は高かったと思うのですが、初日から電話に出ているのを見て、やる気があるとその方は思ったそうです。電話に出る、イコール、**仕事を頑張っている前向きアピール**にもつながるわけですよね。

第 4 章

ビジネス文書のポイント

難しい表現を避け、
簡潔に具体的な表現で書く

一度読めば理解できる「わかりやすい」文章

＊ 読みやすく、理解できるか

わかりやすい文章とは、読みやすく、一度読んだだけで、内容がしっかり頭に入ってくることです。

2回も3回も読み返さないと理解できない文章は、忙しいビジネス社会において、そもそも読まれなかったり、後まわしにされたりしかねません。

読んでもらえる文書かどうか、その分かれ道は**読み手目線**を意識しているか否かです。

それでは、理解しやすい、読みやすい文章とは、どの

■ **文章を書くうえで一番大事なこと**

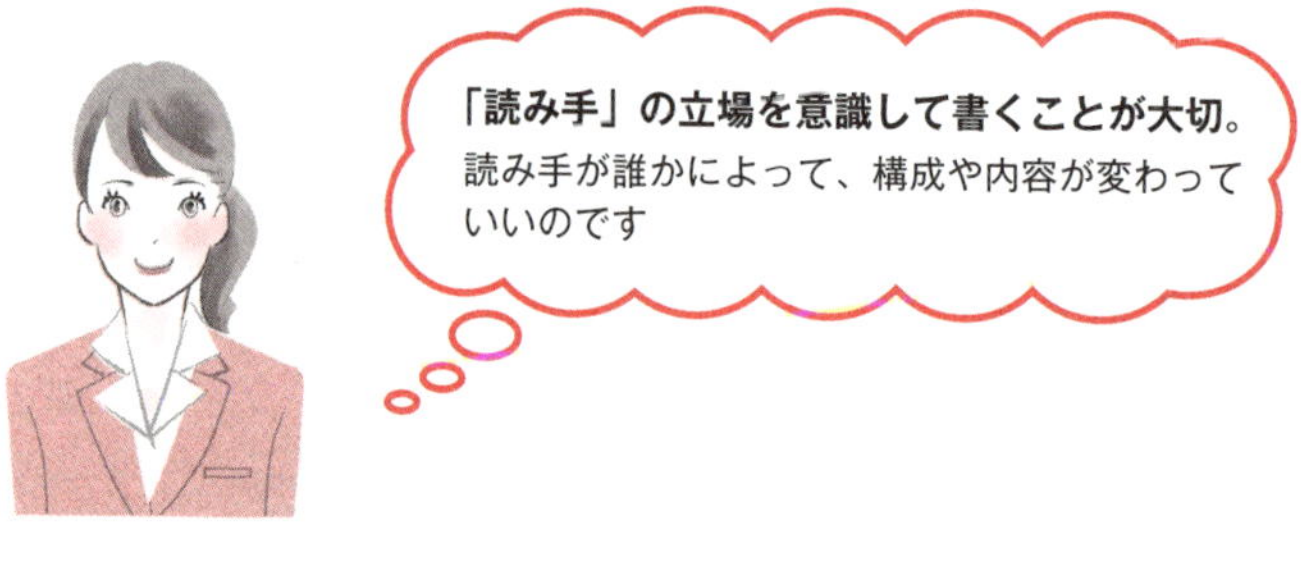
「読み手」の立場を意識して書くことが大切。
読み手が誰かによって、構成や内容が変わっていいのです

誰に向けた、何を目的とした文章なのかを考える

ようなものでしょうか。
ポイントは次の6点です。

①　結論を最初に書く

ビジネス文章の基本は、**結論→理由**。結論や目的を最初にしっかりと示し、先にいくほど具体的な内容になっていくのが鉄則です。

読み手はゴールを明確にしたうえで読み進めたく、最後まで読まないと何が言いたいのかわからない文書はストレスを感じます。

書類であれば標題、メールであれば件名を見ただけで、中身がわかることも重要です。

ただし、仕事の目的や相手によっては結論の位置を変えることもあります。例えば、新しい企画を提案する場合、相手に期待を持たせるため、あえて最後に結論を持ってくる、などです。

■わかりやすい文章構成のひとつ　「PREP（プレップ）法」

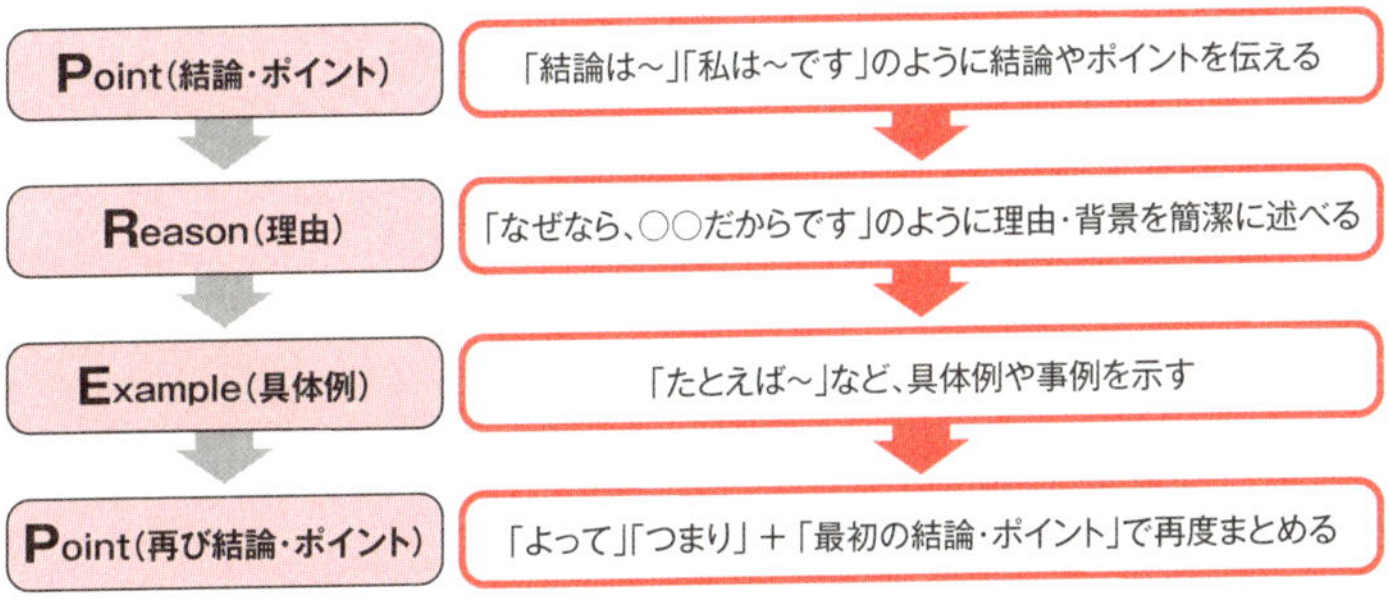

Point（結論・ポイント）
「結論は～」「私は～です」のように結論やポイントを伝える
Reason（理由）
「なぜなら、○○だからです」のように理由・背景を簡潔に述べる
Example（具体例）
「たとえば～」など、具体例や事例を示す
Point（再び結論・ポイント）
「よって」「つまり」＋「最初の結論・ポイント」で再度まとめる

簡潔かつ説得力のある文章になる

② 一文が短い

一文の長さは、50字以内が目安です（長いカタカナや専門用語が入る場合は70字以内も可）。

一文が長い文章、つまり句点（。）がなくダラダラした文章は、結局、何が言いたいのかがわからず読み手にとってストレスです。

では、なぜ長くなるのでしょうか。

・伝えたいことが整理されていない
・一文の中に、伝えたい情報が2つ以上、入る
・「～て」「～が」「～で」、これらが繰り返し入る

50字を目安として、語尾を「です。」「ます。」「ました。」で一度、切ってみましょう。

③ 主語と述語が近くにある

主語と述語の位置が近いほど、わかりやすい文章になります。

長い文章は区切って一文を短くしよう

× 一文が長い（99文字）

イベント開催日を部内で確認したのですが、マネージャーは今月の開催を希望すると言っているのですが、上司である部長が来月まで開催を待ってほしいと言っていまして、改めて再来月以降の日程で相談させてください。

↓

○ 一文が短い（18／20／33／22文字）

イベント開催日を部内で確認しました。マネージャーは今月の開催を希望とのこと。しかし、上司である部長が来月まで開催を待ってほしいと言っています。改めて再来月以降の日程で相談させてください。

一文の長さは、50文字以内が読みやすい

私たちは、文章を読む時、主語に対する述語を無意識に探します。なに・だれ（主語）が、どうする（述語）が整理できない文章は、読んでいてしんどいものです。

なぜ、主語と述語の位置が遠くなるのでしょうか。それは、「②一文が短い」で解説したとおり、長い一文に、整理されていないたくさんの情報が詰め込まれるからです。

そして主語と述語が一致しない、**ねじれた文章**は、誤った情報を伝える危険性もあります。こちらの解決方法も、一文を短く区切ることです。

④ 専門用語・難しい表現を避ける

文章を書く時、ついつい難しい言葉、中にはカッコイイ言葉を使いたくなる方、いませんか？

実はこれは逆効果。文章を読みやすくするポイントは、難しい表現を使わないこと、誰でもわかる言葉を使うこ

主語と述語の「ねじれ」を避ける

× ポイントの有効期限は、今年の12月末までご利用いただけます。

○ ポイントの有効期限は、今年の12月末までです。

○ ポイントは、今年の12月末までご利用いただけます。

文章を書き終えたら、主語と述語が対応していることを確認する

とです。仮に専門用語を使う場合は、使う前に専門用語の解説を入れることです。ただし、書き手と読み手とのあいだに共通認識がある専門用語は、使用してもかまいません。

⑤　具体的に書く

あいまいな表現を避け、可能な限り数字（数値）や固有名詞を使って具体的に書くことです。

例えば、

・「その」「あの」が何度も出てくる文章
→「その」「あの」を別の言葉に言い換える

・「少し費用は高いです」
→少しとは何と比べて高いのか、具体的にいくらなのかを示す

・「品物を多めに用意してください」
→多めとは具体的にいくつ用意すればよいのか書く

他にもある「あいまい」な表現

あいまいな表現　例

あの・その、などの指示語　たぶん　すごく
安い　高い　小さい　大きい
早めに　なるべく早く　朝一番
午後一番　本日中　今週中（○○中に）

相手の指示があいまいな表現だった場合は、具体的に確認する

以上の3例のようなあいまいな文章は、読み手によって受け止め方が違ってしまいます。

語尾の表現も大事です。事実を知りたい相手に対して、話の語尾が「だと思います」では、信憑性に欠けるため、不安や不満を与えてしまいます（あなたの感想が知りたいのではなく、相手は事実が知りたいのです！）。

状況に合わせて、具体的な表現で、**しっかり言い切る**ことも意識しましょう。

⑥ 見た目も意識すること

書類をパッと見た瞬間に、読むのを苦痛に感じてしまった経験ありませんか？

ここでの判断基準は、文書の内容そのものではなく、「見た目」です。

例えば、

・改行・段落ごとの行間がなく、用紙いっぱいに文字

が書かれていて余白がない
・漢字が多く、いかにも難しそうな内容に見える

文書のわかりやすさは、構成する文章が重要ですが、読みやすいかどうかは、見た目の印象も大きく影響します。

長々と文章で書くのではなく、箇条書きでスッキリまとめるのも見せ方のひとつです。

一般的な文章では、漢字の使用率30％前後が読みやすく理想的です。20％前後になると「幼い」印象、40％になると「硬い」印象を与えます。

ビジネス文書の見やすさは、余白と左揃えもポイントです。見た目の美しさも意識したレイアウト、基本のフォーマットがありますので、78ページ以降で解説しましょう。

■読みやすい文章は「漢字３：ひらがな７」

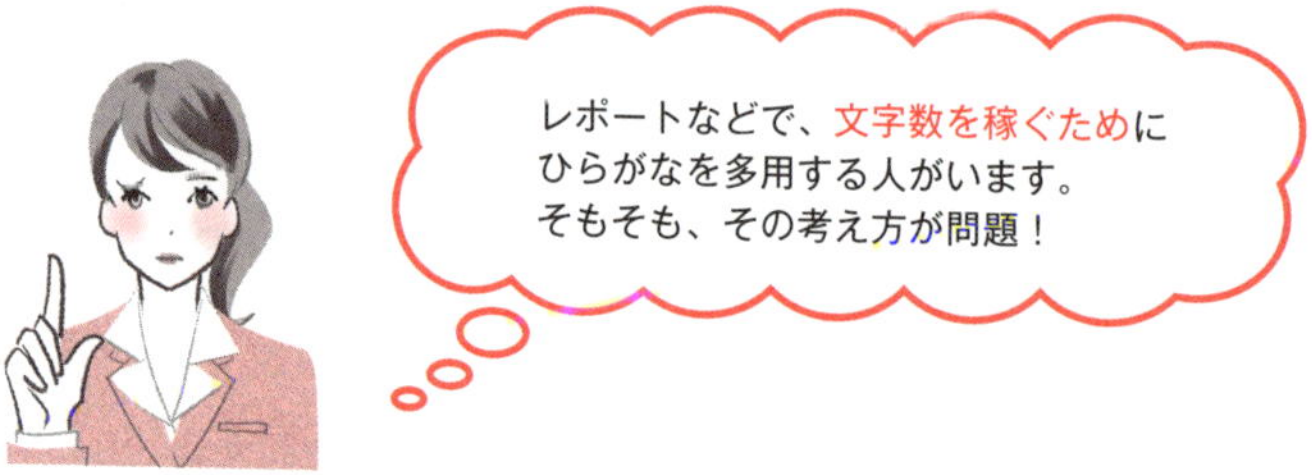
レポートなどで、文字数を稼ぐためにひらがなを多用する人がいます。
そもそも、その考え方が問題！

※一般的なビジネス文書のケース。専門的な文書は例外。

ひらがなばかりのビジネス文章は、幼稚な印象を与える

わかりやすい文章のポイント

わかりやすい文章とは

↓

読みやすいこと。理解できること

↓

【ポイント】

① 結論を最初に書く
② 一文が短い
③ 主語と述語が近くにある
④ 専門用語・難しい表現を避ける
⑤ 具体的に書く
⑥ 見た目も意識する

セルフチェック

声に出して読んでみる

わかりやすい文章は

- 読みながら、スッと内容が頭に入ってくる
- リズム感があり、息継ぎがしやすい
  (一文が短く、「、」と「。」が適度にある)

「読み手」を意識した文章であることが大前提

正しく迅速に伝わるビジネス文書の書き方

＊ビジネス文書は正確な意思伝達が目的

重要な案件など、口頭での伝達だけでは信頼性に欠けることがあります。勘違いや誤解が生じるのを防ぎ、相手との意思疎通を正確にするには文書でのやり取りが必要です。

文書化する目的は、

① 必要な情報を正確かつ迅速に伝達する

② 記録（証拠）として残す

この2点です。

ビジネス文書の種類

社内文書	社外文書	
伝達事項・届出	取引文書	社交・儀礼文書
業務日報、企画書、稟議書、報告書、申請書、議事録、通達、辞令、各種届出 など	注文書、発注書、見積書、請求書、納品書、受領書、依頼書、詫び状 など	案内状、通知状、紹介状、挨拶状、見舞状、招待状、祝賀状、礼状 など

目的と相手に合わせて使い分ける

難しそうなイメージがありますが、基本のフォーマットがありますので、慣れてしまえば簡単に作成できます。

＊ビジネス文書の種類は大きく分けて2つ

ビジネス文書には、大きく分けて社内文書と社外文書があります。

使用頻度の高い文書、特に社内文書は、多くの職場でフォーマットが決まっています。オリジナリティは不要です。既存のフォーマットを使用し、職場のルールに従って作成しましょう。

＊第三者のチェックを受けてから送付する

社外文書は、組織の意思が反映された文書となります。作成者本人だけでなく、組織の信用にかかわることなので、細心の注意を払う必要があります。作成者自身で誤字脱字、変換ミス、数字や名詞の誤りがないか、内容の

ビジネス文書作成の流れをつかもう

誰に、何をしてほしいのか、目的を明確にすることが出発点

※原本を送付・提出する場合は、必ずコピー（控）を取っておくこと。

見直しを行ったうえで、送付前にさらに上司・第三者のチェックを受けましょう。

＊ 5W3Hを意識して書くとわかりやすくなる

ビジネス文書に、まわりくどい表現は不要です。社内文書・社外文書とも、正確・簡潔に伝わることが求められます。

作成の流れは75ページ下欄で示したとおり、目的を確認したうえで、必要な情報を整理することからが始まりです。その際、「5W3H」の枠組みで考えると、より具体性が出てきます。

すべての文書に全要素が入っているとは限りませんが、内容に漏れがないか、チェックすることが可能です。

5W3Hは、ビジネス文書だけでなく、ホウ・レン・ソウや仕事の指示を受ける時、伝言メモの作成など、仕事のあらゆるシーンで生かせます。日頃から5W3Hで

■報告書に感想を書いていい？

報告書によっては、最後に「所見（個人の意見・感想）」を入れます。

- 事実と分別するため、個人的意見には「所見（所感）」と記す
- 立場や内容によっては所見を書くことが失礼にあたる場合があるので、迷ったら上司に相談する

考える習慣を身につけるとよいでしょう。

＊ 標題を見ただけで内容がわかること

標題（件名）は読み手が最初に見る、大事な部分です。標題を見て、その先を読むかどうか判断することもあります。ポイントは、標題だけで文書全体の内容が理解できることです。15字程度で簡潔に書きましょう。なお、組織内定型フォーマットにより標題が固定の場合は除きます。

例えば、次のような書き方です。

「お知らせ」→「社内セミナー開催のお知らせ」
「ご案内」→「新商品発表会のご案内」
「報告書」→「○○プロジェクト完了報告書」

標題は文書全体の中で一番大きな文字サイズで目立たせます。使用するフォントは、強調したいなど意図的な場合を除き、原則、文書内で統一させましょう。

■原則、1文書、1つの用件であること

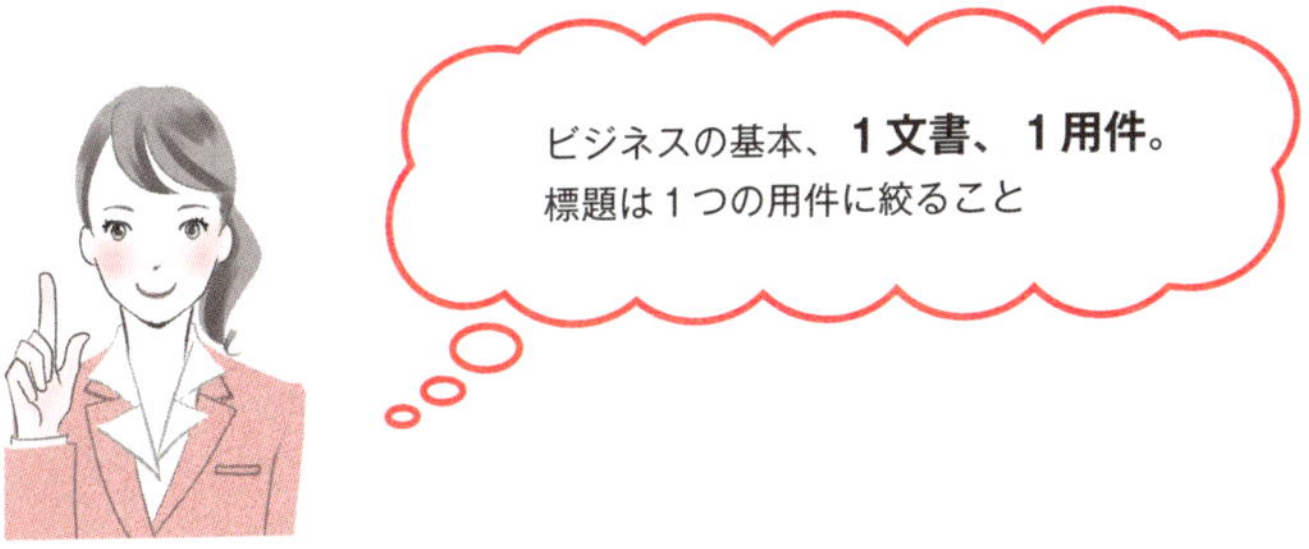
ビジネスの基本、**1文書、1用件。**
標題は1つの用件に絞ること

用件が2件以上ある場合は、文書を分ける

社内文書の基本①

	名称	ルール
①	文書番号	(組織規程に従う) 文書を管理するためにつける番号
②	発信年月日	文書を発信する年月日。文書の作成日=発信日とは限らない
③	宛名 (受信者)	宛名は原則、「部署名、役職名、名前」の順に書く ■敬称の正しい使い方 【御中】 会社名や部署名、団体名宛て ※個人名には御中を使用しない。 □□部　御中 【様】 個人宛て ○○ ○○様 □□部　部長　○○ ○○様 ※「部長様」は敬称が重複するので誤り。 【その他】△△各位（複数の個人に宛てる敬称） ※各位様/殿は誤り(敬称の重複)。 □□部　○○部長 ※社内のみで使用可。社外の方に対しては使用しない。
④	発信者	(組織規程に従う) 発信者は受信者と同等の立場であることが望ましい
⑤	標題 (件名)	文書の内容が一目でわかる内容にする 1行で簡潔に書く
⑥	本文	社内文書では「前文」と「末文」は省略し、すぐに本文に入る。 記書きについて記す場合は「下記のとおり」と書く
⑦	記書き	例のように、日時や会場の情報を伝える場合は、 中央に「記」と書き、箇条書き(だ・である調)でまとめる 箇条書きにできないものは、別紙にする
⑧	文末	「以上」でしめくくる
⑨	担当者名	発信者と担当者が異なる場合に記す 連絡先(必要に応じて、メールアドレス、FAX 他)を書く

社内文書の基本②

人事16-第24号 ←①
平成○○年○月○日 ←②

③→ 関係者各位

人事部長
山田太郎 ←④

⑤→ **平成○年度「接客マナー研修会」開催のご案内**

⑥→ 平成○年度「接客マナー研修会」を、下記のとおり開催いたします。

対象者の方は、スケジュールを調整のうえご参加いただきますよう、宜しくお願い申し上げます。

⑦→

記

1．目的　　今期方針である「ＣＳ向上」の取り組みとして、接客マナーのレベルアップを目指すため

2．日時　　平成○年○月○日（金）10:00-16:00（集合9:45）

3．対象者　入社２年目から５年目までの店舗配属社員

4．会場　　東京本社　10Ｆ　大会議室

5．内容　　別紙プログラム参照

6．持ち物　筆記用具

以上 ←⑧

【問い合わせ窓口】←⑨
人事部　田中
（内線1160）

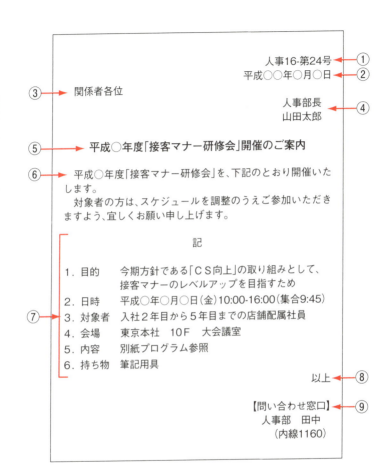

社外文書の基本①

	名称	ルール
①	文書番号	(組織規程に従う) 文書を管理するためにつける番号 通常、社交文書には文書番号をつけない
②	発信 年月日	文書を発信する年月日 文書の作成日＝発信日とは限らない
③	宛名 (受信者)	宛名は原則、「会社(組織)名、部署名および役職名、名前」の順に書く。法人格、敬称は略さず正式に書く。(株)(有)は使用しない ■敬称の正しい使い方 【御中】 社内文書に準ずる **株式会社□□　△△部　御中** 【様】 社内文書に準ずる **株式会社□□　△△部　部長　○○ ○○様** ※「部長様」は敬称が重複するので誤り。 【その他】△△**各位**（複数の個人に宛てる敬称） ※各位様/殿は誤り(敬称の重複)。
④	発信者 ＋(印)	(組織規程に従う) 発信者は受信者と同等の立場であることが望ましい。 会社の住所、電話番号を必要に応じて入れる
⑤	標題 (件名)	文書の内容が一目でわかる内容にする 1行で簡潔に書く
⑥	前文	「頭語」→「時候のあいさつ」→「安否の挨拶」 →「感謝のあいさつ」の順 (参照)82～83ページ　頭語・結語、時候のあいさつ
⑦	本文	「さて」から始める 記書きについて記す場合は「下記の通り」と書く
⑧	末文	結びのあいさつ ＋ 頭語に対する結語でしめくくる
⑨	記書き	例のように、日時や会場の情報を伝える場合は、 中央に「記」と書き、箇条書き(だ・である調)でまとめる 箇条書きにできないものは、別紙にする
⑩	担当者名	発信者と担当者が異なる場合に記す 連絡先(必要に応じて、メールアドレス、FAX 他)を書く
⑪	文末	「以上」でしめくくる。社交上の文書には必要ない

社外文書の基本②

(※文書番号は内容による) ←①

平成○○年○月○日 ←②

③→ 株式会社○○商事
営業部　部長　高橋一郎様

株式会社△△システム
代表取締役　山田和子　印 ←④

⑤→ **新製品○○発表会のご案内**

⑥→ 拝啓　桜花の候、貴社ますますご発展のこととお慶び申し上げます。日頃は格別のご厚情を賜り、厚くお礼申し上げます。

⑦→ 　さて、このたび弊社の新製品○○が完成し、来月中旬に全国展開することとなりました。これに先立ち、下記の通り発表会を開催したいと存じます。
　ご多忙のところ恐縮ですが　何卒ご来臨賜りますようお願い申し上げます。

⑧→ 　まずは書中にてご案内申し上げます。

敬具

記

⑨→
1．日時　平成○年○月○日(水)13:00-15:00　(開場　12:45)
2．会場　東京○○ホテル　3Ｆ　△△の間
　　東京都○○区××-×　(ＪＲ○○駅　3番出口　直結)
　　電話 03-○○○○-○○○○
　　※会場までのアクセスにつきましては、同封の地図をご覧ください。

恐れ入りますが、○月○日(金)までに同封の返信ハガキにて出欠をお知らせ下さい。

【本件に関するお問合せ先】
株式会社△△システム　営業開発部　担当:佐々木　(電話03-1234-5678) ←⑩

以上 ←⑪

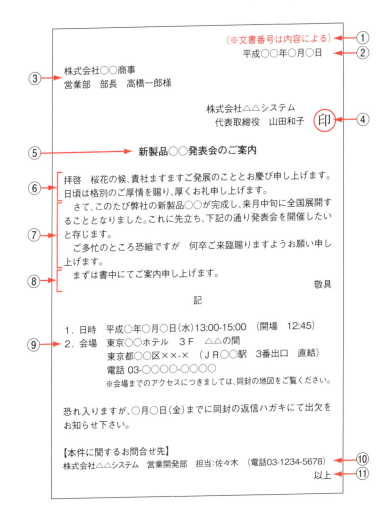

社外文書の要素を覚えよう ① 【時候のあいさつ】

よくあるミス 文書を上書きする際、時候のあいさつが過去のままになっていることあるので注意しましょう。
発信月に合わせてあいさつも変更すること!

月	漢語調(例)	口語調(例)
1月	新春の候、初春の候 厳寒の候、寒冷の候	• 寒気厳しき折でございますが • 本格的な冬の到来を迎え
2月	余寒の候、晩冬の候 立春の候、春寒の候	• 立春とは名のみの寒さが続いておりますが • 冬にまた逆戻りしたような寒さの毎日
3月	早春の候、浅春の候 春分の候、軽暖の候	• 寒さもやっと少しはゆるんできたようで • 春まだ浅い今日このごろでございますが
4月	晩春の候、陽春の候 春暖の候、桜花の候	• 春光うららかな季節になりました • 桜花もすっかり咲きそろいましたが
5月	新緑の候、薫風の候 立夏の候、緑風の候	• 風薫る五月がやってまいりました • 木々の緑もようやく深くなってまいりましたが
6月	初夏の候、梅雨の候 入梅の候、向夏の候	• 梅雨前線が近づいてきました • 梅雨入りのニュースが気になるこのごろ
7月	盛夏の候、酷夏の候 酷暑の候、猛暑の候	• 暑中お見舞い申し上げます • 長かった梅雨も明け、猛暑の季節となりました
8月	残暑の候、晩夏の候 晩暑の候、立秋の候	• 残暑お見舞い申し上げます • 残暑がひとしお身にこたえる毎日ですが
9月	新秋の候、初秋の候 新涼の候、名月の候	• さわやかな季節を迎え • 朝夕はようやく涼しくなりすごしやすくなりました
10月	秋冷の候、紅葉の候 仲秋の候、錦秋の候	• 木の葉も美しく色づいてまいりました • 日増しに秋の深まりを感じるようになりました
11月	晩秋の候、向寒の候 落葉の候、涼冷の候	• 朝夕はひときわ冷え込むようになりました • 日に日に秋が深まり、露寒の季節となりました
12月	初冬の候、師走の候 寒冷の候、冬至の候	• 年の瀬もいよいよ押し詰まってまいりました • 慌ただしい年の瀬を迎えておりますが

社外文書の要素を覚えよう ②　【頭語・結語】

頭語（とうご）は、書き出しの挨拶にあたる言葉です。

社外文書は頭語から始め、結語（けつご）でしめくくるのが一般的であり、必ずペアで使います。

ビジネス文書で一般的に使用する「頭語・結語」のペアは下のパターンです。

内容	頭語	結語
一般的	拝啓（はいけい）	敬具（けいぐ）
返信・回答	拝復（はいふく）	
改まった	謹啓（きんけい）	敬白（けいはく）
略式	前略（ぜんりゃく）	早々／草々（そうそう）

頭語・結語が不要な場合もあります
- 年賀状、暑中見舞いや残暑見舞いなどの季節の挨拶
- 詫び状、催促状
- お見舞い、お悔やみの手紙　など

頭語は左揃え、結語は右揃えにする

基本を知って使いこなすビジネスメール

＊ メールのメリット・デメリットを理解する

便利な情報伝達手段として、ビジネスシーンに欠かせない電子メール。便利な半面、単純なミスを犯しやすく、知らず知らずに人に迷惑をかけたり、相手を不快にさせたりすることもあります。

メールは手軽で、即時に一斉送信できるなどのメリットがありますが、同時にデメリットもあります。対面・電話・書面・メール、それぞれの向き不向きをしっかり理解し、目的と状況に合った手段を選択することです。

■ メールの向き・不向きを理解しよう

メリット	デメリット
●送受信の記録が残る	●セキュリティ上の不安がある
●手軽である	●届かない可能性がある
●すぐに届く	●読まれないこともある
●相手を拘束しない	●簡単に書いてしまう
●資料や写真を添付できる	●感情が伝わらない
●複数の相手に同時送信できる	●誤送信の可能性がある

謝罪や改まった挨拶、依頼、緊急時は**面談**や**電話**で行う

交渉ごともメールは不向き

＊メールのタイトルは具体的に！

メールを1日に何十件も受信する方もいますので、あなたのメールを開いて確認してもらうには、開封しなくてもタイトル（件名）を見ただけで内容がわかることが重要です。

そのためには、**タイトルとメールの内容が一致**していなければなりません。用件が同じなら「Re：」プラス、同じタイトルで返信してもかまいませんが、話題が変わったら、新規メール（タイトルを作り直す）にしましょう。

タイトルを作り直しても、返信をする際、「Re：」を残して送るのが一般的です。「Re：」がついていることで、瞬時に返信だなと判断してもらえるからです。

前項のビジネス文書でも説明したとおり、「1メール・1案件」を意識し、その都度タイトルを変えるようにしましょう。

■件名を見た瞬間にメールの内容がわかること！

悪い件名の例		件名の例
ご案内	→	○/○（金）定例会議開催のご案内
ご報告	→	【重要】○/○（金）発生システム障害のご報告
山田さんへ こんにちは	→	件名は具体的な内容を20文字程度にまとめて書く

件名で重要度を判断されることを忘れずに

ビジネスメールの基本①

【メールの基本構成】

	名称	ルール
①	宛名 （受信者）	外部宛てメールの宛名は原則、「会社（組織）名、部署名および役職名、名前」の順に書く 法人格、敬称は略さず正式に書く。（株）（有）は使用しない。前株（株式会社○○）と後株（○○株式会社）を間違えない 社内メールの宛名は、職場のルールに従うこと ■敬称の正しい使い方 【御中】【様】【その他】 いずれも 社内メール＝社内文書（78ページ） 社外メール＝社外文書（80ページ） ――に準ずる
②	前文	「頭語・結語（拝啓・敬具）」「時候の挨拶」は省略する 挨拶、自分の名乗りから始める
③	本文	本文の導入部分は「このメールで何を書くのか」を明確にすると、よりわかりやすい
④	末文	本題のあとの結びの挨拶。依頼言葉や、例のようなシンプルな定型文でかまわない
⑤	署名	職場の所在地や連絡先を明記する。自動表示されるよう署名を設定しておくと便利 （顔文字や、にぎやかな署名はＮＧ）

注意点

① １行「35文字」以内を目安に改行

② 段落（５行以内）ごとに空行を作る

③ 添付ファイルの容量チェックを忘れない。
２Ｍを超える場合は、圧縮したり、送信相手に一言、連絡を入れる

④ 添付ファイルにパスワードをかける（職場のルールに従うこと）

⑤ 文字化けの可能性がある特殊文字（機種依存文字）は避ける
例）Ⅰ Ⅱ Ⅲ ㍉ ㌔ ㎜ ㎝ ㎡ ℡ ① ㊤ ㈱ ㈲ ≒ ≡ ∫

⑥ 正式回答に時間がかかる場合も、「24時間」以内に一次回答を行う

ビジネスメールの基本②

【外部宛てメールのサンプル】
（メールはすべて左寄せ）

メールの宛先
- Cc：カーボンコピー：参考までにメールを送りたい相手
- Bcc：ブラインドカーボンコピー：用途はCcに同じ。
  ただし、Bccに指定されたアドレスは他の受信者には表示されない（Bcc本人は、ToとCcの相手を見ることができる）

To：

Cc：

Bcc：

件名　【ご連絡】12/16（金）開催セミナーの会場について

株式会社○○○○
△△営業部
○○○○ 様
（← ① 宛名）

いつも大変お世話になっております。
株式会社ＡＢＣの○○でございます。
（← ② 前文）

先ほどお問い合わせいただきありがとうございました。
改めて12/16（金）のセミナーの
会場についてご連絡いたします。
【セミナー会場】
東京□□センター内　3F 会議室B
〒111-1111 東京都○区1-1-1-1
電話　03-0000-0000
会場地図　（地図のURL）
※□□駅から徒歩5分です
（← ③ 本文）

ご確認のほど、宜しくお願い申し上げます。
（← ④ 末文）

\-------------------------------------
株式会社ＡＢＣ商事
人事部　○○○○○
〒000-0000
東京都港区××1-1-1
E-Mail:*****@***.***.co.jp
電話：03-****-****/Fax：03-****-****
\-------------------------------------
（← ⑤ 署名）

COLUMN よくあるビジネスマナーの○と× ④

がんばりましょう 事実と感想は分けて話す

◆ 事実を聞きたい相手に感想を伝えてはダメ

説明がわかりにくい人の特徴のひとつに、事実と感想の切り離しができていないことがあります。

上司「昨日の勉強会の内容、教えてくれる？」
→ 部下「はい、○○さんの事例がとても面白かったです」
上司「C社の担当者は何か要望言っていた？」
→ 部下「いえ、多分要望は何もないと思います」

このような回答が返ってきた瞬間、聞いた相手はイライラするでしょう。「あなたの感想を聞いているんじゃない！」と。

◆ 両方伝える時は、事実と感想の境目がわかるように話す

例えば、報告書や会議の議事録に記載するのは、「事実」です。日報や報告書で自分の感想を入れる場合は、所見や所感の項目を作り、そこに書きます（基本、議事録には個人の感想は入れない）。

読み手が目をとおした瞬間、事実なのか、個人の感想なのか、項目でわかるようにするためです。これは、口頭での説明も同じです。

事実と感想のうち、感想を伝える場合は、「私が感じたことですが」「ここからは私の考えなのですが」と、相手に事実と感想の境目がわかるように伝えなければなりません。

基本的に、伝える順番は、**事実が先、感想は後**です。

第5章

来客応対と訪問のマナー

全体の流れを把握してテキパキ動く

会社のレベルを決定づける来客応対

＊誰もが来客に対して声をかける意識を持つ

お客様が最初に接するのは、受付を担当する人です。受付は「職場の顔」であり、最初に接した人の応対が職場全体の印象に直結します。時間を割いて来てくださった方に対して常に心地よい応対ができるよう心がけましょう。

オフィスによって、有人の受付カウンターがある場合もあれば、無人受付で内線を使い担当者を呼び出すスタイルなど様々です。

■訪問者が気持ちがよいと感じる企業の特徴

好印象の職場	感じの悪い職場
すれ違う社員が挨拶をしてくれる	挨拶がない
受付担当の方が笑顔で迎えてくれる	受付担当の方が、無表情で事務的
整理整頓されている	整理整頓されていない

キーワードは、挨拶・笑顔・整理整頓

大事なのは、受付の有無にかかわらず、そして、受付業務の担当でなくても、来客に気がついたら、すぐに「いらっしゃいませ」と声をかける意識があるかどうか、ということです。「私、受付係じゃないので関係ない」なんて気持ちはもってのほか。

＊ 風土のよい会社では挨拶が飛び交う

オフィスを訪問すると、組織風土が一瞬でわかります。印象のよい会社は共通して、すれ違う社員の方が気持ちよく挨拶をしてくれます。受付周辺にいると、「いらっしゃいませ」「ご用件うかがっていますか?」「どちらにお取り次ぎいたしましょうか?」といったように、どなたかが声をかけてくれます。

たとえ担当でなかったとしても、来客に気がついたら、笑顔で挨拶をし、従業員一人ひとりが常に**お客様をお迎えする気持ちを持ち続ける**ことです。

＊ いつでもお迎えできる準備をする

お客様をお迎えする際、自分の身だしなみを整えることも大事ですが、**環境を整える**ことも大事です。

毎日すごしているオフィスなので慣れてしまい、少々の散らかった状態や汚れが気にならなくなっていませんか？　訪問する側は、隅々まで実によく観察しています。使用する応接室や会議室、お客様が座る席に腰をかけて、お客様目線でチェックするのもよいでしょう。以下は、チェックポイント例です。

・床にゴミが落ちていないか
・テーブルの上はきれいに拭かれているか
・テーブルクロスやソファカバーが汚れてないか
・生花や観葉植物が枯れていないか
・カレンダーは今月になっているか
・時計の表示は合っているか

まだまだある　お客様をお迎えする事前準備

- □ 応接室の予約確認
- □ 先客のお茶や灰皿が片付けられているか
- □ 室温を調整しておく
- □ 受付へ来客があることを連絡
- □ 資料や備品など、必要に応じて準備する

あなたが担当者なら名刺も用意を

来客応対の流れを把握して備えよう

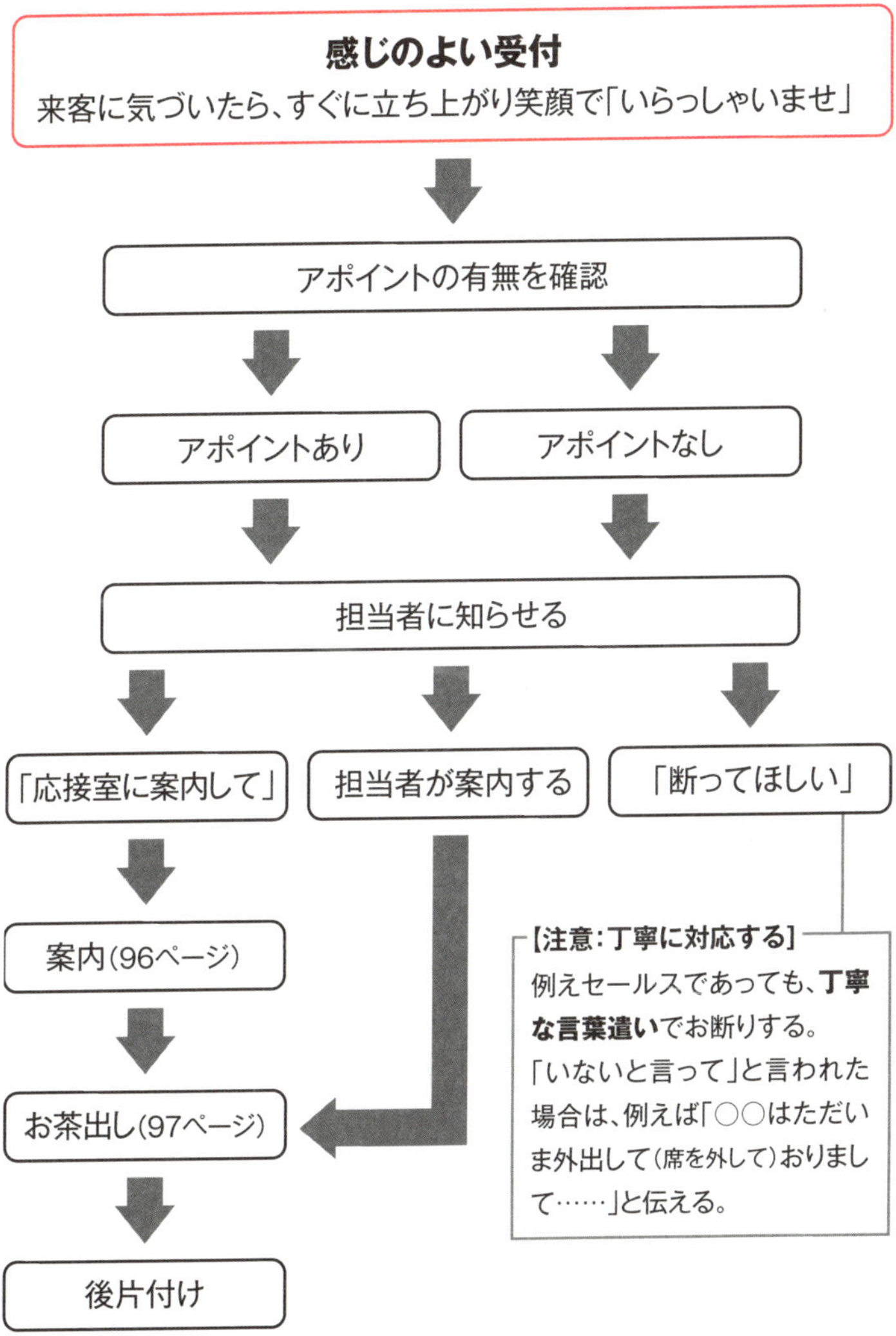

来客応対が会社全体のイメージを決定づける

① **受付**

・来客に気がついたらすぐに立ち上がり、笑顔で「いらっしゃいませ」と挨拶する
・お客様の「会社名」「名前」「約束の有無」「面会の相手（担当者）」を確認する
・約束がある場合や、事前に聞いていた場合は「お待ちしておりました」と迎える。約束の有無がわからない時は、「失礼ですが、お約束はいただいておりますでしょうか？」と確認する
・担当者に連絡し、了承を得てからお客様を案内する
・お客様から取り次ぎのために名刺を出されたら、胸の位置で預かり、担当者へ渡す
・担当者へ確認するあいだ、椅子があれば座ってお待ちいただく

受付の注意点

① お客様は**平等**である。受付は先着順
② 約束がなくても大事なお客様の場合もある。勝手な判断は禁物。**必ず担当者に確認**する
③ 約束がない相手には、受付の場面で**担当者が在席かどうかは伝えない**（居留守を使いたい場合もある）
④ 担当者へ取り次ぐときは、「○時にお約束の（会社名）（名前）様、**○名様**お見えになりました」と具体的に伝える

② **先導案内**

お客様を案内する際は、スムーズかつ安全に目的の場所へ行くことができるように細かい気配りをすることが大切です。

・「お待たせいたしました。応接室にご案内します。こちらへどうぞ」と行先を告げてから案内を始める
・お客様の2、3歩斜め前を歩き、先導する。歩く速度は、お客様のペースに合わせ、お客様の様子に気を配りながら案内する
・曲がる時、階段やエレベーター、エスカレーターなどの乗降時は、言葉と所作（手のひら）で示す（立ち位置については106ページ参照）

「右へ曲がります」
「エレベーターで5階に参ります」
「段差がございます」

■ **先導案内の位置取り**

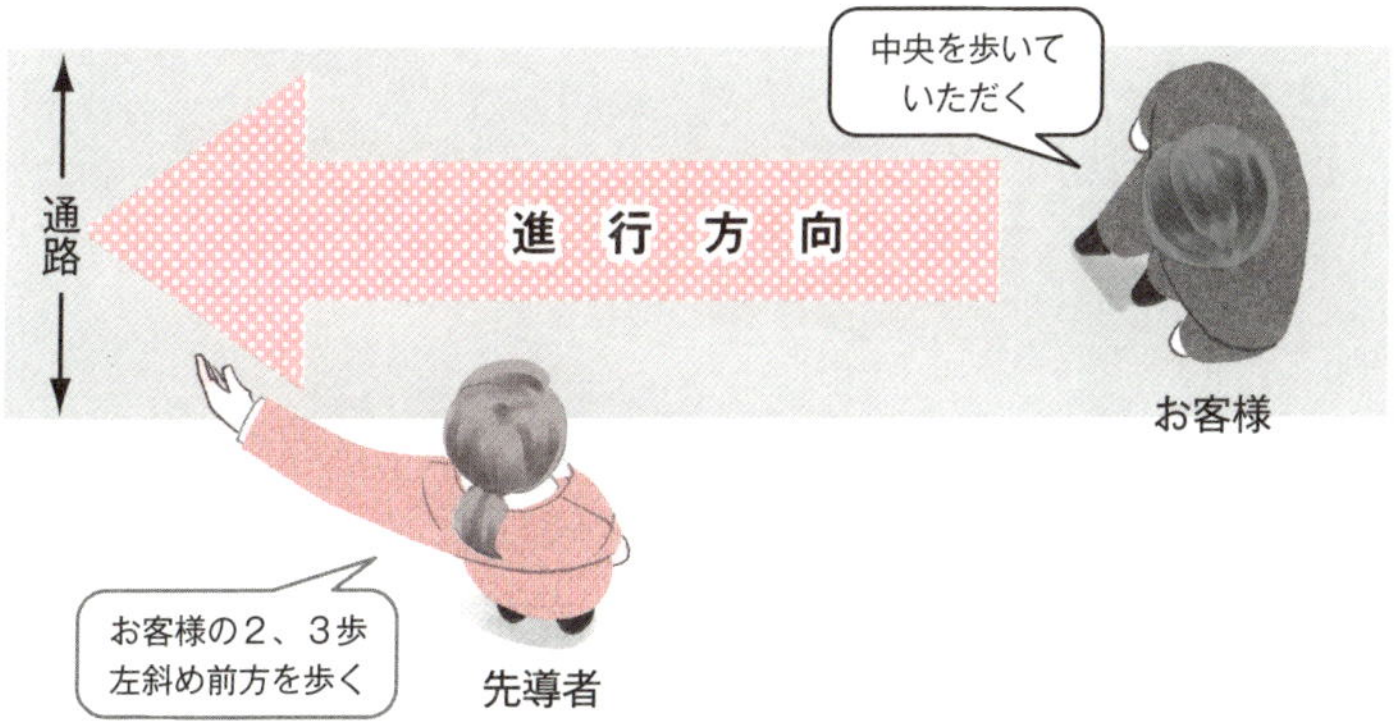

中央を歩いていただく
通路
進行方向
お客様
お客様の2、3歩左斜め前方を歩く
先導者

③ **案内**

・応接室付近（目的地付近）に来たら、「こちらでございます」と場所を示す

・必ず、軽くノック（3回）をして入室する。手違いで使用中のこともあるので、無人とわかっていてもノックする。扉が開いていても行う

・ドアを開け、お客様を中にとおす

外開きの場合：ドアを開け、手でおさえ、お客様をとおす

内開きの場合：お客様に一言挨拶をして、自分が先に部屋に入り、ドアを押さえた状態でお客様をとおす

・お客様に上座を勧める（席次は102ページ参照）。

・担当者がまだ来ていない場合は、「〇〇は間もなく参りますので、少々お待ちいただけますでしょうか？」と一声かけて、退室する

外開きドアと内開きのドアでの違い

正しいノックは3回
2回は「トイレノック」！
【外開き】
ドアを開けて、
お客様を先にとおす。
【内開き】
「失礼します」と言って先に部屋に入る。
扉をおさえてお客様をとおす。

④ お茶出し

お茶出しは、わざわざ足を運んでくださった方に、のどの渇きをとり、くつろいでいただきたいというおもてなしの心です。

最近は、ペットボトルのお茶や、給茶機のお茶やコーヒーをプラスチック製のカップホルダーにセットして提供する企業も増えてきました。

ペットボトルの水などを出す場合は、賞味期限と蓋が開いていないかを確認し、必ずコップ（ガラスもしくは紙）をつけます。紙コップやプラスチックのカップでコーヒーを出す場合は、砂糖とミルクをまとめて小さな容器に入れてもよいでしょう。

時代とともに変化するお茶出し。職場のスタイルに合わせてかまいませんが、紙コップなどは**簡易な印象を与える**、ということは覚えておきましょう。

お茶出しの流れと注意点

流れ	注意点
お茶を入れる （お茶の種類による）	① あらかじめ茶碗にお湯を入れて温めておく ② 茶葉を急須に入れる **適したお湯の温度** ……玉露50-60℃、煎茶70-80℃、番茶100℃ ③ 7分目くらいまで、お茶の濃さが均一になるよう回し注ぐ
お茶を運ぶ	●1人分でも必ずお盆にのせる　・きれいな布巾もそえる ●湯呑と茶托を分けてのせる（重ねない） ※カップとソーサー、グラスとコースターも同様
入室する	●応接室のドアを3回ノックし、「失礼いたします」と言って会釈をする ●挨拶とお辞儀の際、お盆は体の正面から少しずらす
お茶を準備する	●お盆をサイドテーブルに置き、茶碗の底（糸じり）を布巾でふいて、茶托にのせる ●サイドテーブルがない場合は、応接テーブルの末席を使う
お茶を出す	●上座のお客様から順に出す　●1つずつ両手で出す ●お客様の右側から出すのが基本 ●湯呑みの絵柄がお客様の正面にくる ●冷たい飲みものは、先にコースターを置き、次にグラスをコースターの上に置く ●お茶菓子を出す時は、左側から出す。お菓子→お茶の順
退室する	●お盆の表を外側に向けて、脇にかかえて持つ ●ドアの近くで立ち止まり、軽く一礼してから退室する
お茶を下げる	●お客様がお帰りになったら、片付ける

こちらはあくまでも基本。応接の環境や、その場の状況で臨機応変に対応を。例えば、お茶をお客様の右から出せない場合は、「こちらから失礼します」と言って左から出してもかまわない

会議や商談の邪魔をしないことがもっとも重要

湯呑み茶碗やカップの向きにも注意

【湯呑み茶碗の向き】

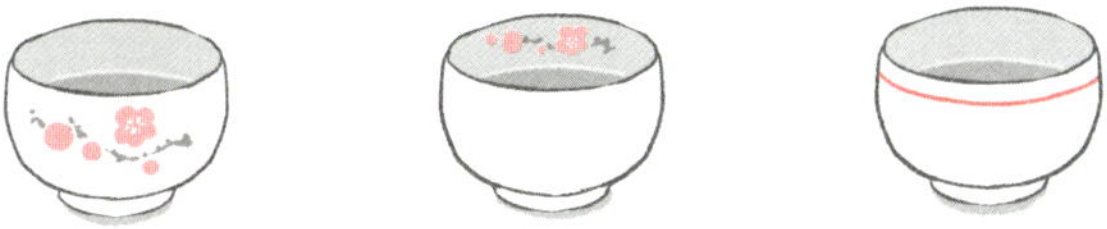

外側に絵柄	内側に絵柄	模様がない・すべて同じ模様
お客様の正面に絵柄がくるように	絵柄がお客様のほうを向くように	正面はないのでどこが前でも可

茶托に木目模様がある場合、お客様からみて木目が横向きになるように

【コーヒーカップの向き】

※お客様に出す流れは98ページのお茶と同じ。

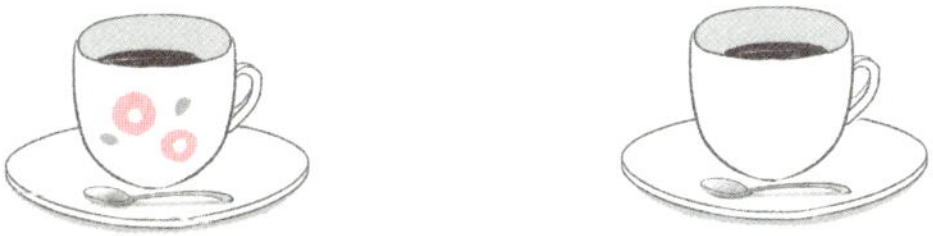

カップに1箇所だけ絵柄がある	模様がない・すべて同じ模様
●お客様の正面に絵柄がくる ●持ち手は絵柄の向きに合わせる(右or左)	正面がないため持ち手は右で可

- 砂糖……スティックタイプの場合にはスプーンと2本そろうようにソーサーの上に置く
- ミルク……ポーションタイプ(小分けタイプ)の場合はスプーンの左側または手前側の空きスペース、ソーサーの上に置く

スプーンのかき混ぜる部分に、砂糖やミルクの袋が触れないこと

カップの持ち手(右or左)、スプーンの位置(手前or奥)
はそれぞれの国によって異なる。

⑤ **お見送り（自分が応対者の場合）**

原則として、オフィスビルの場合はエレベーター前まで、自社ビルの場合は玄関先まで見送るのが一般的ですが、見送る場所はお客様との関係や、来社目的によって判断します。

応接室を出るところから見ていきましょう。

・お客様が帰り支度を終えてから、席を立つ（お客様より先に立ち上がると、急かしてしまうため）
・扉を開けて、お客様に先に出ていただく
・お見送りの場所まで案内する
・見送る際のお辞儀は、シチュエーションにかかわらず、相手が見えなくなるまで頭を下げる（車の場合、車が見えなくなるまで）
・上司と一緒にお客様を見送る場合は、上司が前、部下は一歩下がったところに立つ

■お見送りの基本

エレベーター	お客様が乗りこみ、エレベーターのドアが閉まりきるまで お辞儀をして見送る（エレベーターが動き出すまで姿勢を保つ）
玄関	建物内が複雑であれば、玄関先まで必ず見送る 玄関ではお辞儀をし、お客様の姿が見えなくなるまで見送る
車	重要なお客様であれば、車まで見送る 車が出ようとするときに一礼し、車が見えなくなるまで見送る （車が出て見えなくなるまで、お辞儀をし続けることもある）

⑥ 後片付けは情報の宝庫！

お茶出しや後片付け。雑用と思っている方はいませんか？　もしいたら、もったいないです（そもそも仕事に雑用という考え方はないですよね）。

・どんなお客様がいらっしゃっているのかがわかる
・普段入ることのない会議・商談の様子がわかる
・お客様に自分のことを知ってもらうチャンス
・後片付けをすることで、コーヒーの好みがわかる（ブラック・砂糖・ミルク）。タバコを吸われる場合、銘柄がわかる

お客様や上司の好みがわかれば、次回「ブラックでよろしいですか？」と気の利く一言が言えるかもしれません。これらの嗜好情報は、どこかで役立つものです。ただし、お茶出しの際に得た情報は漏洩禁止。お客様との会話も、状況と関係性によります。

知っているとテキパキ動ける
席次のマナー

＊人が集まる場所には「席次」が発生する

席次とは、会議室、応接室、乗り物などでの座る順番のことをいいます。席次には「上座」「下座」があり、座る位置によって相手に敬意を表したりもてなしたり、という意味を込められます。

出入り口から一番遠く、その部屋（空間）でもっとも居心地のよい席が上座ですので、お客様や目上の方に勧めるのが基本です。

席次の知識を身につけておけば、いざというときに

■上座と下座の位置を確認しておこう

上座	●出入り口から遠い位置（奥） ●和室では、床の間に近い位置 ●眺め（絵、景色）のよい位置
下座	●出入り口から近い位置（手前）

新人や若手は、迷ったら「出入り口の近く」に座る

「こちらへどうぞ」、と相手に声をかけたり、下座を選んで座ることができたり、テキパキ動けます。席次を知らなければ、自分から動けないことで「受け身」になってしまいます。

＊ マニュアルが正解とは限らない！

105ページ以降では、席次のルールを紹介しますが、そこに書かれたとおりに応対することが必ずしも正解とは限りません。なぜなら、マナーの答えは1つではないからです。相手やシチュエーションによって変わることがあります。

例えば、新幹線や飛行機の窓側と通路側の席、どちらが好きですか？　と、周囲に聞いてみてください。きっと、意見が分かれるはずです。好みの問題ですから、頑なにルールを守ろうとすると次のようなことが起こります。

■乗り物の座る位置は、人それぞれ好みがある

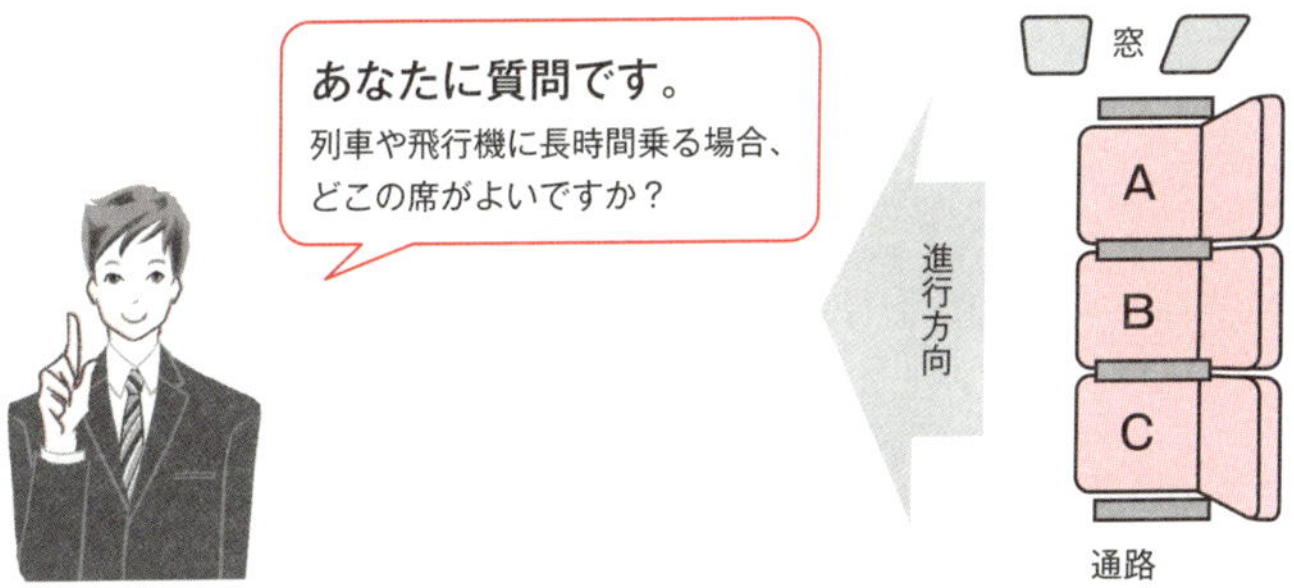
あなたに質問です。
列車や飛行機に長時間乗る場合、
どこの席がよいですか？
窓
A
B
C
進行方向
通路

上座はA（107ページ参照）だが、みんな上座が好きとは限らない

部下「こちらへどうぞ（確か窓側が上座だよね）」

上司「いや、私は通路側でいいよ」

部下「いえいえ、上座（窓側）へどうぞ」

上司「……」

この場合、上座を理由に勧められても嬉しくないですよね。上司は通路側がいいと言っているので、「では、失礼します」と言って、部下は窓側に座ってよいのです。もし、お客様や上司のチケットを代理で手配する場合、必ず「お席のご希望はありますか？」と一言聞くことです（一度聞いたら覚えておくこと）。

上座と下座の基本を押さえたうえで、その場の状況と相手の好みに合わせてベストな対応をとることが、社会人には求められます。そして、忘れてはならないのは、上座は出入り口からの距離だけではなく、**もっとも居心地のよい場所**ということです。

空間別　上座と下座を覚えよう

※ 図はすべて①から順に上座→下座

応接室

- 出入り口からもっとも遠い席が上座
- 長椅子と１人用の椅子は、長椅子のほうが上座

【応接室の場合】

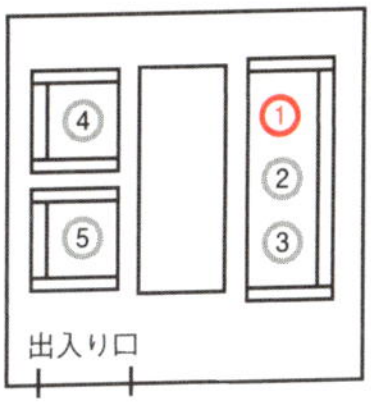

【役員室や執務室内に応接セットがある場合】

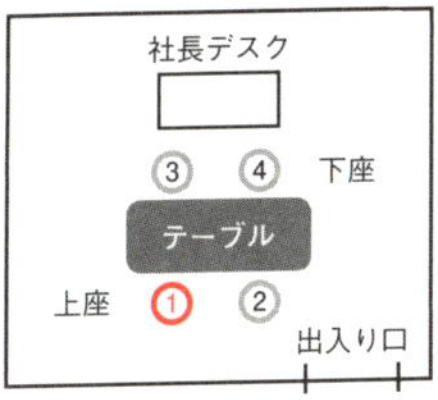

【椅子の格】

①長椅子
②１人用のひじかけ椅子
③背もたれのみある椅子
④背もたれのない椅子

会議室

- 出入り口からもっとも遠い席が上座
- 議長席が中心（議長席に近いほうが上座）

【「コの字」型の場合】
→議長から見て右が上座

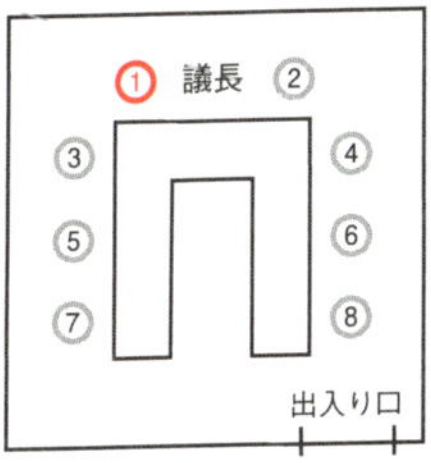

【「ロの字」型の場合】
→議長から見て右が上座

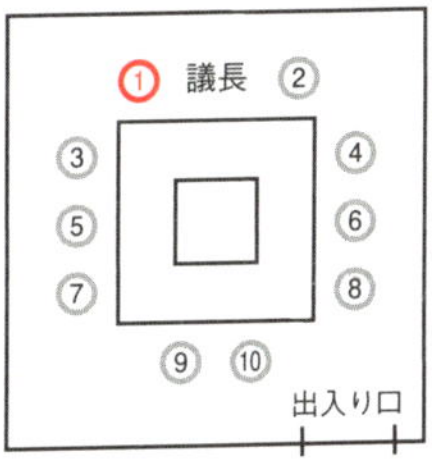

【円卓の場合】
→議長から見て右が上座

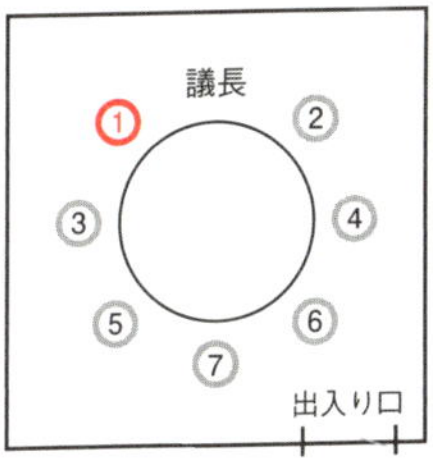

【対面型の場合Ⓐ】
社内会議の例

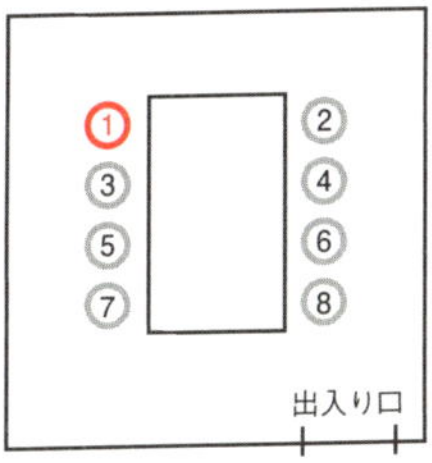

【対面型の場合Ⓑ】
上位者が中央の場合もある

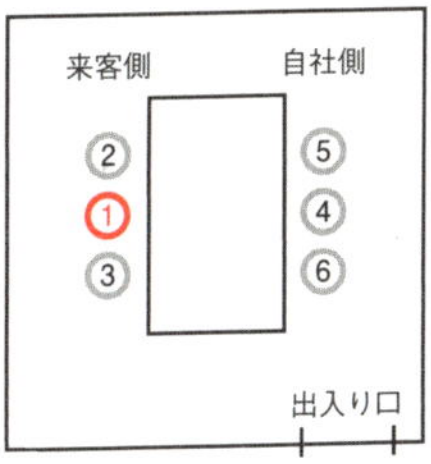

■ 部屋の状況により、上座下座が逆転することがある。
例）プロジェクターのスクリーンやホワイトボードがある場合、一番見やすい席を上座とする、など。

エレベーター

●操作盤の後ろ側が上座
●操作盤の前が下座

［操作盤が1カ所］

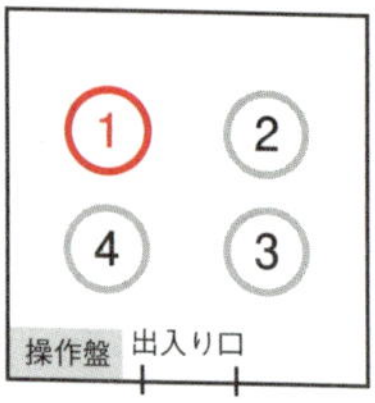

［操作盤が2カ所］

■案内時の基本マナー ＝ 自分が先に乗り、降りるときはお客様が先

【エレベーターに誰も乗っていないとき】
（乗）「失礼します」と一声かけて先に乗り、操作盤の前に立ちドアを押さえてお客様に乗っていただく
（降）操作盤の「開」ボタンを押し、お客様に先に降りていただく

【エレベーターに他の人が乗っているとき（混んでいる）】
（乗）中にいる方が「開」ボタンを押している場合は、ドアを押さえて先にお客様に乗っていただく
（降）「お先に失礼します」と一声かけて降り、ドアを押さえてお客様に降りていただく

階段・エスカレーター

【エスカレーターの場合】

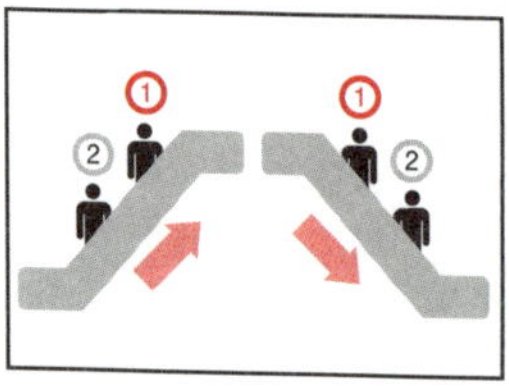

■案内時の基本マナー
＝ お客様より低い位置（目線）を心がける

【上がるときはお客様が先（上）】
「お先に失礼します」と一言かければ、先に乗ってもかまわない

【下りるときは自分が先（下）】
お客様を下から支える意味もある

乗り物

【タクシー・公用車】
運転手がいる場合

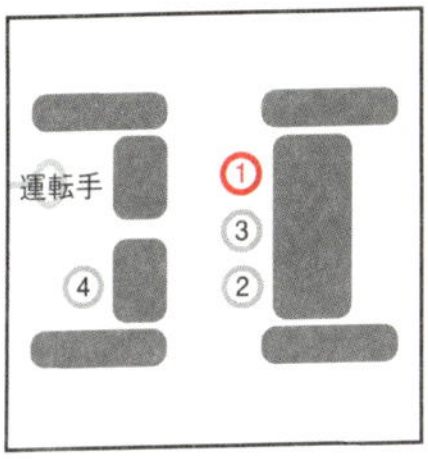

【社用車・自家用車】
上司やお客様が運転する場合

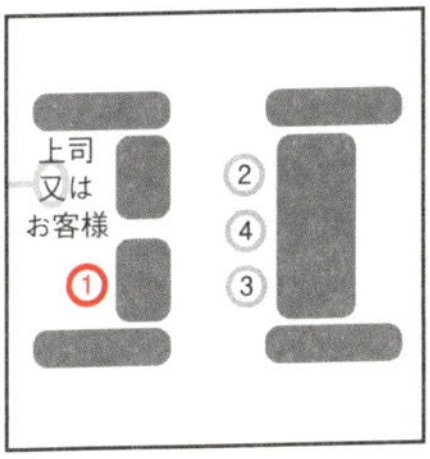

【列車】

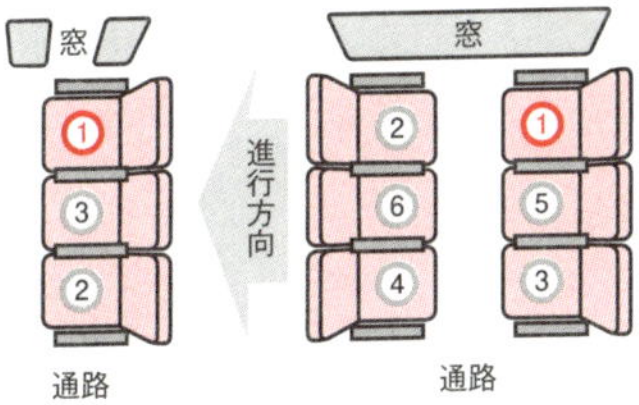

※寝台列車の場合は、下段が上座

【飛行機】

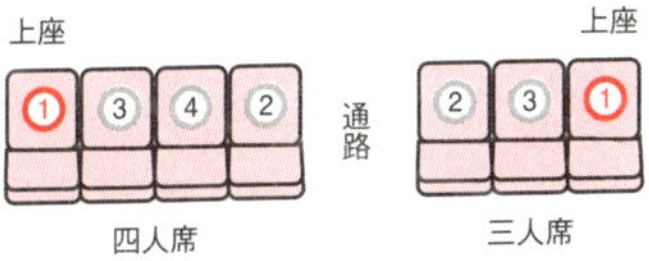

和室

●床の間に近い位置が上座
●床の間がない場合は、出入り口からもっとも遠い席が上座

【2人の場合】

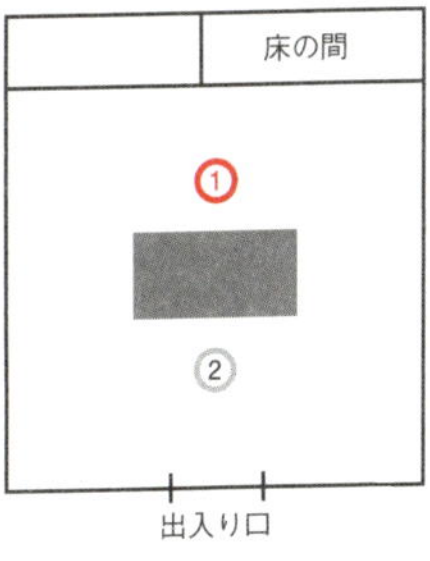

【複数の場合①】

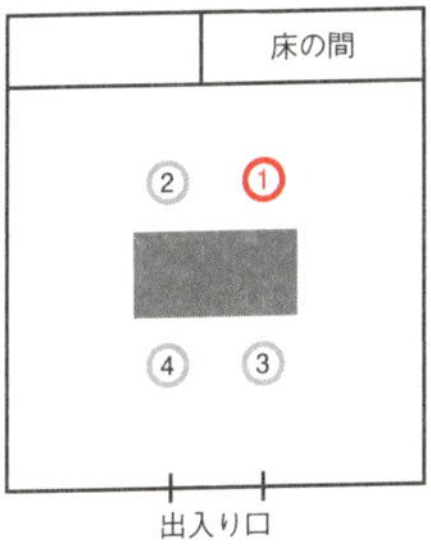

【複数の場合②】

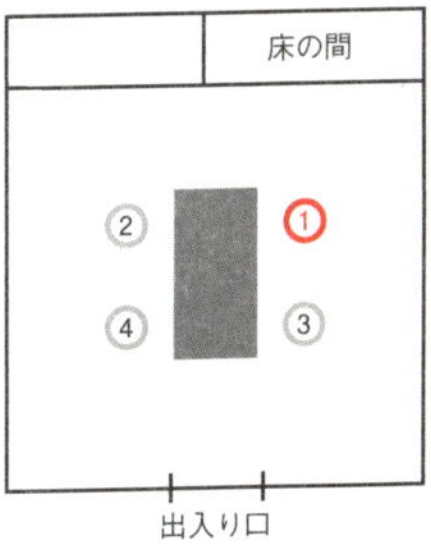

会社訪問の流れをつかむ

＊会社の代表として訪問していることを忘れない

お客様や取引先を訪ねる際は、必ず相手に連絡して都合を確認し、訪問の約束（アポイント）をします。訪問前には入念に準備を行い、当日は時間厳守が鉄則です。訪問先では、面談の相手だけではなく、受付の方や建物の中でお会いするすべての方に、礼儀正しく、失礼のないように振る舞いましょう。

貴重な時間を割いてもらっている**感謝の気持ち**と、**会社の代表で来ている意識**を忘れてはいけません。

■**相手の都合に合わせて訪問するのが大原則**

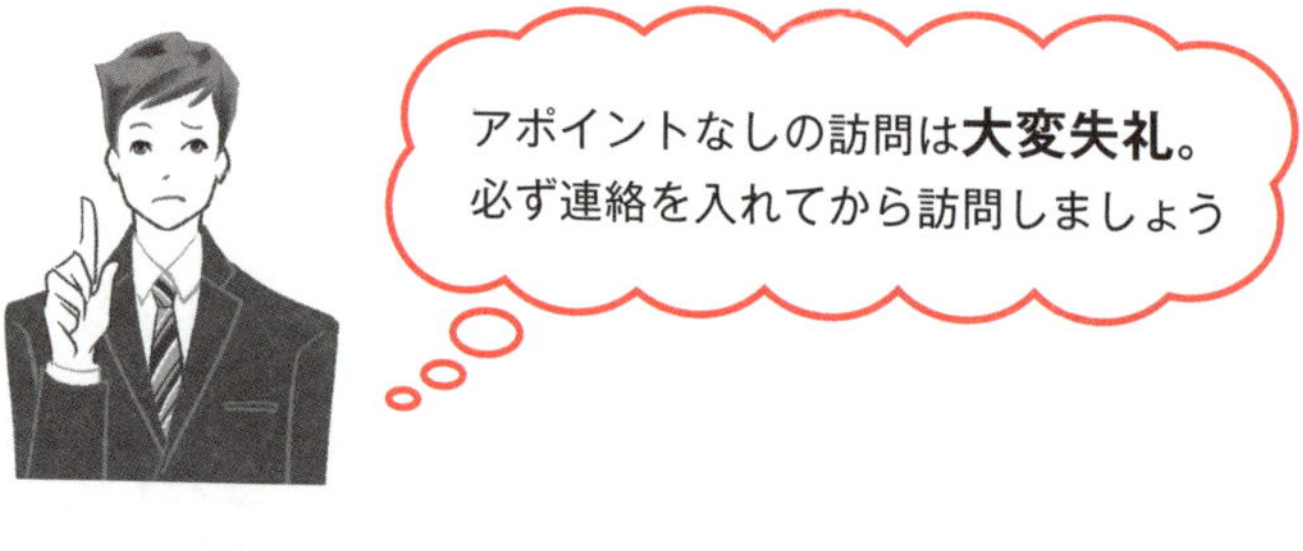
アポイントなしの訪問は**大変失礼。**
必ず連絡を入れてから訪問しましょう

アポイントから当日まで日にちが空く場合は、
訪問前日に確認連絡を

訪問の流れを押さえて失敗を防ごう

※詳しい内容は、次ページ以降を参照

① 準備 (→110ページ参照)	アポイントを取る。訪問先の情報を集め、資料など持ち物の準備をする。訪問先へのアクセスを調べる(初訪問)
② 到着 (→111ページ参照)	10分前には到着する。身だしなみを整える。コートは建物に入る前に脱ぐ
③ 訪問先で受付 (→112ページ参照)	約束5分前を目途に、受付で自社名と名前、面談相手の部署と名前、アポイントの時間を伝える
④ 案内・入室 (→113ページ参照)	応接室にとおされたら、勧められた席に座る。荷物は足元に置く
⑤ 挨拶・名刺交換 (→114ページ参照)	ノック音がしたら立つ。担当者が入室したら、挨拶(本日の面談のお礼)をする。初対面の場合、名刺交換をする。相手に着席を勧められてから「失礼します」と言って座る
⑥ 商談・打ち合わせ (→115ページ参照)	お茶を出された時は、勧められてから、お礼を言っていただく
⑦ 退室 (→116ページ参照)	お礼を言って退室する。忘れ物をしない。コートは建物を出てから着る

準備から退室まで、
大切なのは会社の代表としての意識

① 準備：適切な手段でアポイントを取る

訪問の際は、必ずアポイントを取ります。特に、はじめて訪問する相手には、１週間以上前に連絡を入れることです。

はじめに訪問の目的と所要時間を伝え、会っていただけるか、相手の返事をもらったうえで、日程調整に入ります。日程は、相手の都合が優先です。

同行者がいる場合は訪問人数を先方に伝え、同行者たちの予定も、アポイントの連絡を入れる前に確認しておきましょう。

はじめてのお客様なら、**必ず電話でアポイント**を取ります。既存の取引先やお客様で、頻繁に電子メールでやり取りしている相手であれば、メールでもかまいません。相手に合わせて、ふさわしい連絡手段を選ぶことです。口頭だけでアポイントを取る場合は、話の最後に必ず決まった内容を復唱確認しましょう。

電話でのアポイントを取る流れ

挨拶	会社名と名前を名乗り、担当者に取り次ぎを依頼する
訪問の目的を告げる	例「◎◎の件で、1時間ほどお時間をいただけませんでしょうか？」
日程調整	相手の予定優先で、日時を決める（必ず復唱する）
お礼	訪問を応諾してくれたことに対するお礼を伝えて、切る

担当者が不在の場合、「折り返し」の依頼はNG。
こちらからかけ直す

② 到着：受付までに身の回りを最終チェック

余裕を持って出発し、10分前までには、訪問先へ到着しておきましょう。

コートやマフラーは建物の中に入る前に脱ぎ、雨で濡れた傘は外で水気を切り、カバンや靴が濡れていれば拭いておきます。

受付へ向かう前にもう一度、身だしなみ、名刺・必要書類・資料（先方に渡すものは封筒に入れる）の有無、携帯電話の電源オフまたはマナーモードの設定、説明内容などをチェックします。

遅刻は厳禁ですが、何らかの事情で遅れそうな時は、速やかに相手に連絡を入れます。「走ったらギリギリ間に合うかも」「遅れても2〜3分だからいいだろう」なんて考えは、もってのほかです。

さあ、最終チェックを終えたら、受付へ向かいます。

コートの正しいたたみ方

コートは**中表**（裏地が外に見える状態）**にたたむ**
→ 外のチリやホコリ（春は花粉）を相手の敷地に持ち込まない、という配慮を意味する

③ 受付：受付係に挨拶とお礼を忘れずに

遅刻は厳禁と繰り返しお伝えしていますが、**早すぎる到着も迷惑**です。

約束の5分前に受付で、自社名と名前、面会相手の部署と名前、アポイントの時間を伝え、取り次ぎを依頼します。

その際、受付の手前で止まって会釈をし、きちんと挨拶をします（朝であれば「おはようございます」）。訪問カードの記入が必要な場合もありますので、受付係の指示に従って対応します。

取り次ぎをしてくださった受付係の方へも「ありがとうございます」とお礼の言葉を忘れないことです。

無人受付の場合は、直接内線で担当者を呼び出しましょう。

■受付での取り次ぎ依頼はまず挨拶から

挨拶	「おはようございます」 「お世話になっております」
名乗り	「私、（会社名）（名前）と申します」（お辞儀）
取り次ぎの依頼	「本日◎時に、（相手の部署名・名前）様とお約束いただいております。お願いできますでしょうか？」

④ 案内・入室：担当者が来るまで静かに待つ

応接室（会議室）に案内されたら、「失礼します」と言って、一礼してから入室し、勧められた席に座って担当者を待ちます。その際、すぐに立ち上がれるよう、浅く腰をかけておくとよいでしょう（人によっては立って待つことも）。

荷物を置く場所は自分の足元です。空いている椅子やテーブルには置きません。コートは中表（表面を内側にすること。111ページ下欄参照）にたたんで脇に置くのが基本ですが、コート掛けを勧められた場合は、お礼を言って使わせてもらいましょう。

必要な書類を取り出しやすいように準備し、初対面の場合は名刺交換がすぐにできるようにもしておきます（114ページ参照）。複数で訪問した場合も、担当者が入室するまでのあいだ、静かに待ちましょう。

⑤ **挨拶・名刺交換：第一印象を決める瞬間**

ノック音がしたらすぐに立ち上がり（立って待っている場合はそのまま）、担当者が入室したら「本日は、お忙しいところ、お時間をいただきまして、ありがとうございます」と挨拶し、初対面の相手とは名刺交換を行います。

初対面の場合、まさにここが**第一印象を決定づける大事な瞬間**です！

名刺交換がすんで着席を勧められたら、「失礼します」と言って座ります（名刺交換のやり方は118～123ページで解説）。

ちなみに、手土産を持参した場合は、正式な挨拶がすんだ直後が渡すタイミング。謝罪の場合は、最後に渡すのがタイミングです。紙袋は「ほこりよけ」ですので、紙袋から出し、相手に正面を向けて渡しましょう。

手土産の渡し方

渡すタイミング	部屋に入り、正式な挨拶の後に渡すのが基本 ただし、ビジネスでは帰り際に渡すケースも多い ※早く冷蔵庫に入れたほうがよいものは、早く渡しても可
紙袋	紙袋から品物を出して、相手に正面を向けて渡す
言葉を添える	●NG「つまらないものですが・・・」（謙遜の意だが、近年は馴染まなくなっている） ●OK「心ばかりですが」「評判のお菓子と聞きましたので皆さまで……」

⑥ 商談・打ち合わせ：効率よく進めることを忘れない

本題に入る前に、場を和ますような軽い雑談をしてから用件を切り出します（雑談は、相手が急いでいる場合など状況によって不要なシーンもあります）。

本題では、進行をスムーズにするため結論から先に伝え、その後、詳細を話すように意識します（28ページ参照）。商談・打ち合わせは、約束の時間内に終わらせる必要があります。時間配分や時計を気にかけながら進行しましょう。

ひととおり打ち合わせが終わったら、確定事項を復唱し、原則、訪問した側から締めの言葉を言って切り上げる。ここまでが、基本的な商談の流れです。

最後に改めて、「本日はお時間をいただき、ありがとうございました」とお礼を伝え、忘れ物のないように退室の準備をします。

初対面での雑談で避けるべき話題

タブーとされるテーマ	●宗教の話題 ●政治の話題 ●思想の話題 ●応援しているスポーツチーム（野球やサッカー）

相手の支持政党やチームを批判してしまう危険性がある

⑦　**退室：一礼を欠かさない**

応接室（会議室）を出る際、入室時と同じように「失礼します」と言って一礼してから退室します。

相手がお見送りをしてくれる場合であっても、受付やエレベーターホールで一度、「こちらで結構ですので」と**お断りを入れるとよい**でしょう。

エレベーターホールまで見送られた場合は、乗って再度、挨拶をしてから「閉」ボタンを押し、ドアが閉まって動き出すまでお辞儀をしたままです。

玄関先まで見送られたときは、出てから一度、振り返って再度、一礼します。

コートやマフラーは玄関を出てから着用します。

以上が、基本的な訪問の流れです。会社に戻ったら上司への報告、お客様への訪問のお礼も忘れずに！

訪問後のお礼メール（手紙）のポイント

- 訪問当日、もしくは翌日までに送る。**早いタイミング**であることが重要
- 「お礼のあいさつ」とわかる件名をつける
- お礼の内容を、具体的に、端的に述べる
- 定型文だけではなく、自分の言葉で伝える

感謝の気持ちと、これからも良好な関係を築いていきたいことを伝える

＊参考：個人宅訪問の注意点

仕事によっては個人宅を訪問することもあります。基本的な流れは、これまで説明してきた企業訪問の方法と同じですが、個人宅特有の注意点がいくつかあります。以下を参考にしてください。

・プライバシーの尊重
・すべて許可を得てから使用する（お手洗い、他）
・靴下やストッキングはきれいなものを履いていく
・タクシーで訪問する場合は少し手前で降りる
・早くうかがうと、相手はまだ準備中ということがあるため、約束の時間から2、3分後に訪問するのがベスト
・早朝・夜間・食事の時間帯を避ける
・届けるだけといった簡単な用事は玄関先ですませる

■個人宅訪問での靴の脱ぎ方に注意

1. **「失礼します」**と言ってから、前向きのまま靴を脱ぐ
   相手に背中（おしり）を向けない
2. 身体を斜めにしてしゃがみ、ひざつきの状態で、靴を揃えて持つ
3. 揃えた靴は、玄関の端によせておく
4. スリッパを履く。**改めてあいさつ**をして、案内を受ける

第一印象に直結する名刺交換

＊名刺交換の目的はお互いを知ること

ビジネスの場面では、はじめて会った方には、挨拶と名刺交換を行います。

特に、日本のビジネス社会では、名刺はその人の顔であり、会社の看板でもあることを意味するため、分身である自分の名刺も相手の名刺も丁寧に取り扱うことが求められます。

名刺交換の際、名刺を渡すことばかりに集中している人がいますが、大事なのは、名刺という情報カードを交

■名刺入れ選び 5つのポイント

プラスチックやアルミ製は避けたほうがよいでしょう（保管用としてはOK）

【一般的な営業担当者の場合】

1. シンプルであること
2. 名刺入れ専用のものであること
3. 色は黒、茶、紺がベター
4. 「マチ」があり十分な枚数を収納できる
5. 露骨なブランド柄やカジュアルなものはNG
6. ポケットが2つあるほうがよい（自分の名刺と、もらった名刺を分ける）

業界や職種によって基準は異なる

換することではありません。はじめて会う相手に、目の前にいる**私のことを知ってもらうこと**です（同時に、目の前にいる相手を知ること）。

名刺交換の手元を見続けるのではなく、相手を見て、しっかり自己紹介することに注力しましょう。

＊名刺交換の練習はとにかく「やってみる」

名刺交換の経験がない方にとって、文字で見る名刺交換の説明は複雑に感じるかもしれません。まずは読んで流れをつかみ、繰り返しやってみることです。

自信がない場合は、職場の先輩たちに「不安なので、合っているか見てもらえますか？」「自信がないので練習相手をしてもらえますか？」と、素直に言うことが上達への近道。お客様の前で恥ずかしい思いをするよりも、ずっとよいです。経験に比例して上達するのが名刺交換。とにかく身近な人を相手に練習です！

名刺はコストがかかっている！

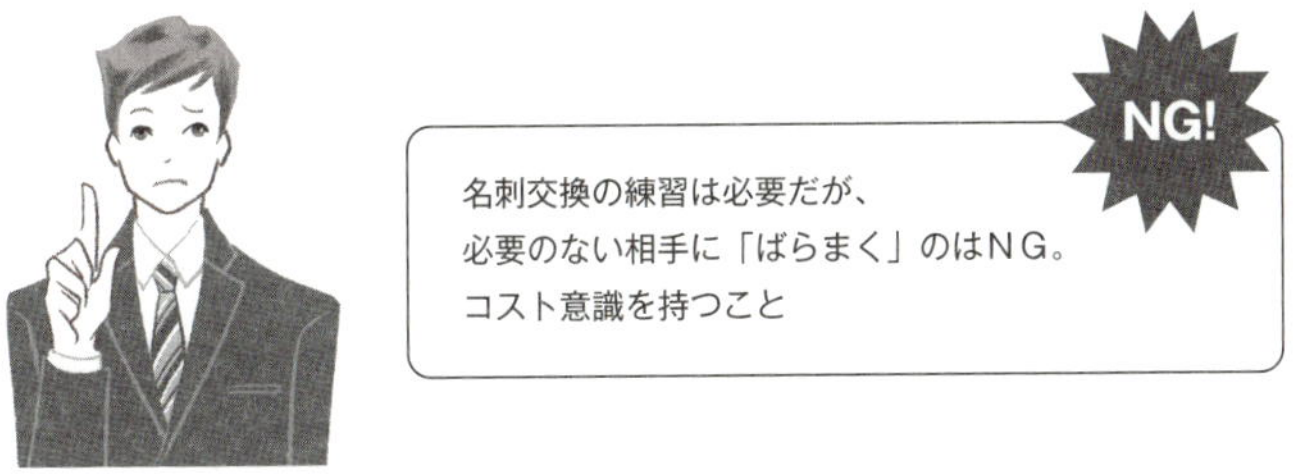
NG!
名刺交換の練習は必要だが、
必要のない相手に「ばらまく」のはNG。
コスト意識を持つこと

**仕事と無関係の相手に名刺を渡すのは、
個人情報をばらまくようなもの**

名刺交換の流れを確認しよう①

① 準備をする

●すぐに名刺を取り出せるように準備しておく

※複数交換の時は、名刺入れの間に、取り出した名刺を挟んでおく。

② 向かい合って立つ

●座っていた場合は立ち上がり、相手の正面に立つ
テーブルがある場合は、回り込む

●座ったまま、テーブル越しに名刺交換をしないこと

③ 名刺を持つ

●名刺を相手に向け（相手が文字を読める向き）、胸の高さで持つ

●名刺の文字に指がかからないように注意する

④ 名刺を差し出す

●目下の者、訪問者から先に名乗る

●「（会社名、）（部署名）（名前）＋よろしくお願いいたします」と名乗り、お辞儀
相手の名刺入れに向けて名刺を差し出す

★同時交換の場合（※近年は同時交換するケースが増えている）
→名乗りをした後、右手で自分の名刺を持って相手に差し出す（片手移動）

※ここで紹介しているのは、あくまでも日本ビジネスにおいての名刺交換のやり方。名刺の扱い方などは、国によって異なる。

名刺交換の流れを確認しよう②

⑤ 名刺を受け取る

- 自分の名刺入れをクッションにし、会釈をしながら受け取る
  例）「頂戴いたします」
- 相手の名前を復唱し、挨拶する
  例）「◎◎様でいらっしゃいますね、よろしくお願いいたします」

〔同時交換の場合〕
- 右手で自分の名刺を差し出し、左手で相手の名刺を受け取る（片手移動）
- 右手を放し（自分の名刺）、相手の名刺を両手で持つ
- 復唱と挨拶については受け取る場合と同じ

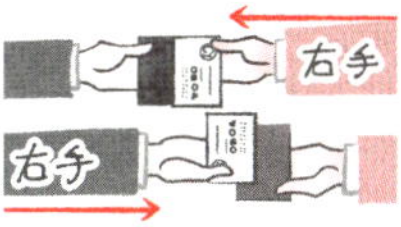

⑥ テーブルに置く

- 受け取った名刺はすぐにしまわず、テーブルの上に置く
  一枚の場合は、名刺れの上に置く
- 複数の場合は、顔と名前を一致させるため、相手の座席順に並べる

名刺入れを座布団の代わりにする

複数交換の場合は、一番役職の高い人の名刺を乗せる

⑦ しまう（辞去）

- 商談や打ち合わせが終わったタイミングで、「頂戴いたします」と言って、名刺入れにしまう

ポイントは、第一印象に直結する丁寧な自己紹介をすること

名刺交換でやってはいけないこと

- テーブル越しに名刺交換をする
- 汚れていたり、折れ曲がったりしている名刺を渡す
- 相手の会社名やロゴの上に指を置く
- 受け取った名刺に、相手の目の前でメモを書きこむ
- 両手で差し出された名刺を片手で受け取る
- ポケットやお財布に名刺を入れる
- 受け取った名刺を忘れて帰る
- 名刺を落とす（落とした名刺を渡す）
- その他

※例えば、営業職の人は、相手の名刺より自分の名刺が低い位置になるよう意識する

- **名刺交換のタイミングが遅くなってしまった場合**
  →「ご挨拶が遅れて、申し訳ございません」と言って、自己紹介する
- **テーブル越しに名刺交換する場合**（通路が狭い時など）
  →「テーブル越しで失礼いたします」と添えればOK
- **名刺を切らしてしまった時、忘れてしまった時**
  →「大変申し訳ございません。ただいま名刺を切らしておりますので、後日改めてご挨拶させていただきます」と謝罪し、後日、自分の名刺を郵送するか、次に会った時に渡す
- **名前の読み方がわからない時**
  →「恐れ入りますが、何とお読みすればよろしいでしょうか」と聞く

日本のビジネスでは、名刺はその人の「顔」と例える。大切に扱おう

名刺交換の順序

名刺交換では、訪問側、立場が下の者から先に名乗る
複数での名刺交換は、役職が高い人から順に行う

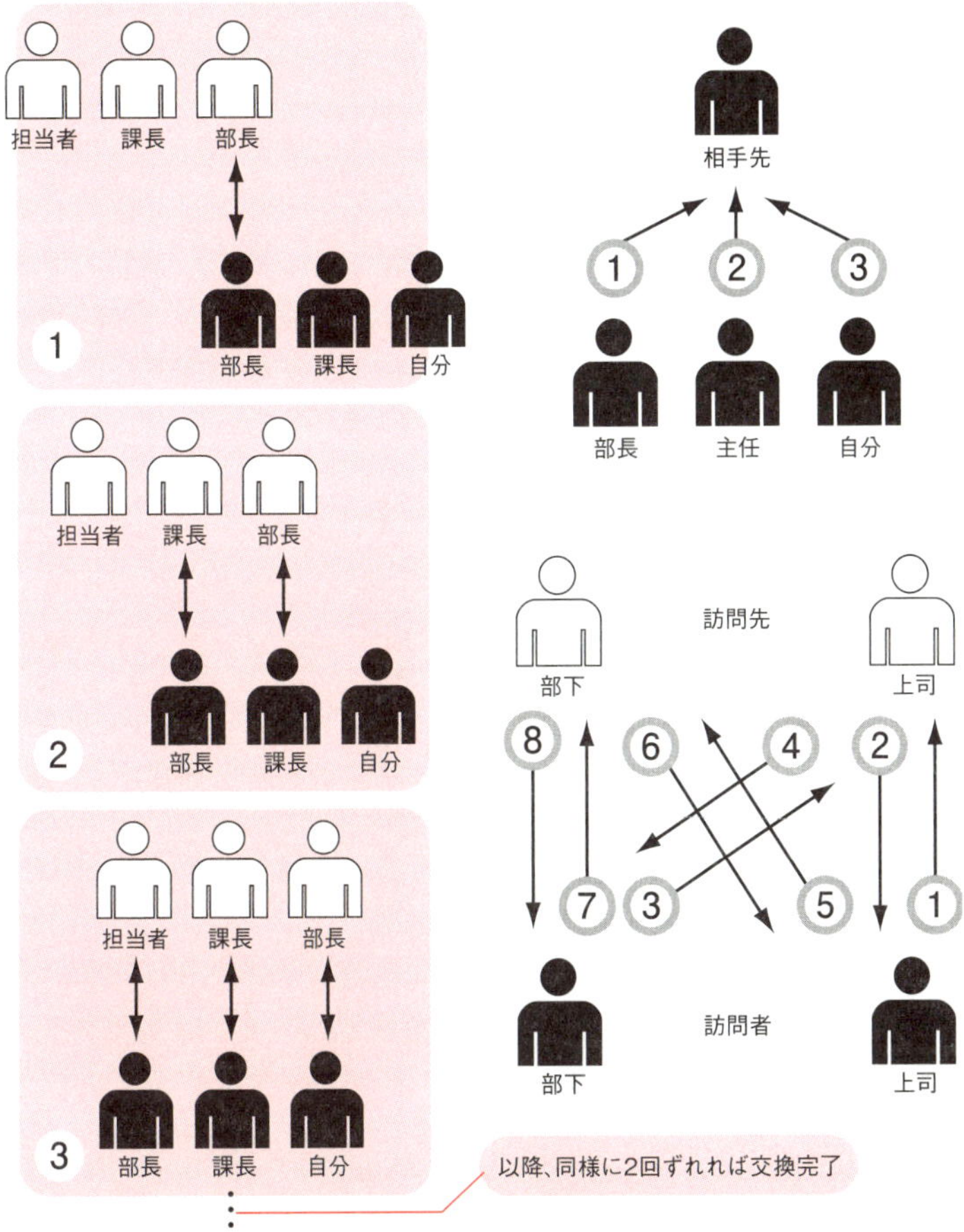

大人数の場合、例外的に
空いている人から順に名刺交換をするケースもある

COLUMN よくあるビジネスマナーの○と× ⑤

がんばりましょう

ミスをした時の叱られ方

◆叱られる原因はミスそのものでないことが多い

仕事でミスをしたら叱られるのは当然です。

しかし、何度も叱られている人は、ミスそのもので叱られるよりは、その後の対応のまずさに問題があることが多いのです。

例えば、言い訳する、隠そうとする、問題がわかった時点ですぐに報告しない、反省しない、同じミスを繰り返す、といったことです。

◆ ミスを糧に成長するためにもどんどんチャレンジを！

ミスは、若手だけではなくベテランでもします。ミスを自分の成長につなげられるか、永遠に叱られ続けるかの分かれ道は、その後の対応にあります。

①ミスに気づいた時点で、上司・先輩にすぐに報告する
②言い訳をせず、きちんと謝る
③アドバイスを素直に受ける
④ミスの原因を調べ、予防策を考える
⑤ミスをカバーしてくれた関係者にお詫びとお礼を忘れない
⑥予防策を実践し、同じミスを繰り返さないように努力する

指摘を受けた際、「ご指摘ありがとうございます。今後このようなことがないよう……」と、素直にお礼を伝えると、相手も悪い気はしないものです。

何も仕事をしなければ失敗はありません。チャレンジの数に比例して失敗は増えるでしょう。失敗を恐れず、**その後の行動**で信頼につなげていきましょう。

第6章

日常の仕事で押さえるべきポイント

人間関係を円滑にし、
仕事をうまく進めるコツ

指示を受けてから仕事を始めるまでの進め方

＊質問があっても指示は最後まで聞く

新入社員や若手社員の仕事の多くは、上司や先輩から指示を受けることからスタートします。

名前を呼ばれたら「はい！」と気持ちのよい返事をし、ペンとメモを持って自分から駆け寄ります。相手の席でぼーっと突っ立ったままではなく、「失礼します。お呼びでしょうか」と声をかけてください（忙しい上司は仕事をしながら声をかけることも多いです）。

指示を受けた内容を漏らすことなく全力でメモを取り、

仕事の指示を受ける流れとポイント

流れ	ポイント
呼ばれたら、「はい!」と返事をする	返事をしない、間延びした「はーい」はNG
↓ ペンとメモを持って、駆け寄る	相手の斜め前に立つ
↓ 最後まで指示を聞く	内容に不明点があっても、途中で話を遮らないこと
↓ 必要であれば、質問をする	最後にまとめて質問する。 「質問してもよろしいでしょうか」
↓ 復唱確認をする	必要に応じて、「復唱します」と申し出て、確認する

必要であれば最後にまとめて質問をします。不明点・疑問点があっても、**相手の話を途中で遮らず最後まで聞きましょう**。そして、復唱確認をして、「指示を受ける」が完了します。

＊仕事の基本はＰＤＣＡサイクル

指示を受けたら、とりあえず早く手をつけなければならないと思ってやみくもに始める人がいますが、それはとても非効率です。

仕事を効率的・合理的に進める手順として、「ＰＤＣＡサイクル」というものがあります。計画（Ｐ）を立てて、実行（Ｄ）し、その評価（Ｃ）に基づいて、改善（Ａ）を行う、という4ステップを繰り返すことで、らせん状のように能力が向上していく（スパイラルアップ）という考え方です。

この手順にのっとって指示を受けたらすぐに実行（Ｄ）

■PDCAでスパイラルアップ

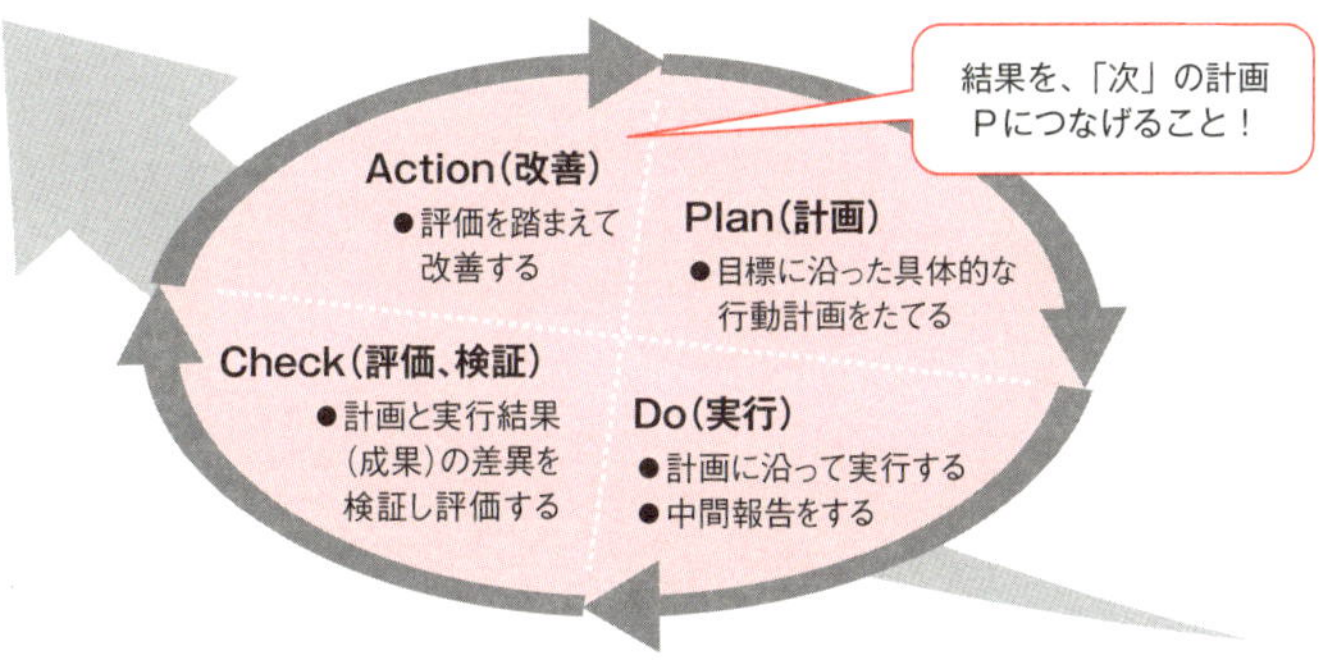
結果を、「次」の計画Pにつなげること！
Action(改善)
●評価を踏まえて改善する
Plan(計画)
●目標に沿った具体的な行動計画をたてる
Check(評価、検証)
●計画と実行結果(成果)の差異を検証し評価する
Do(実行)
●計画に沿って実行する
●中間報告をする

PDCAサイクルは、まわし続けることが重要

ではなく、計画（P）から始めます（計画にかける時間は、仕事の内容による）。

計画を立てる際に押さえておきたいポイントは、

① 具体的な目標を定める（数値化できるものは数値化）
② 作業手順を決める（効率的な方法、担当、他）
③ スケジュールを作成する

以上、この3点です。

計画を立てることができたら、実行（D）です！

とにかく、自信を持って取り組むこと。もしこの時点で自信がなかったり、不安を感じたりしていれば、早く上司・先輩（指導者）に相談しましょう。不安を感じながら仕事を進めるのは、ミスにつながることが多く、危険です。計画の段階で、上司にチェックしてもらうのもよいでしょう。

Check → Actionまでしないと改善しない

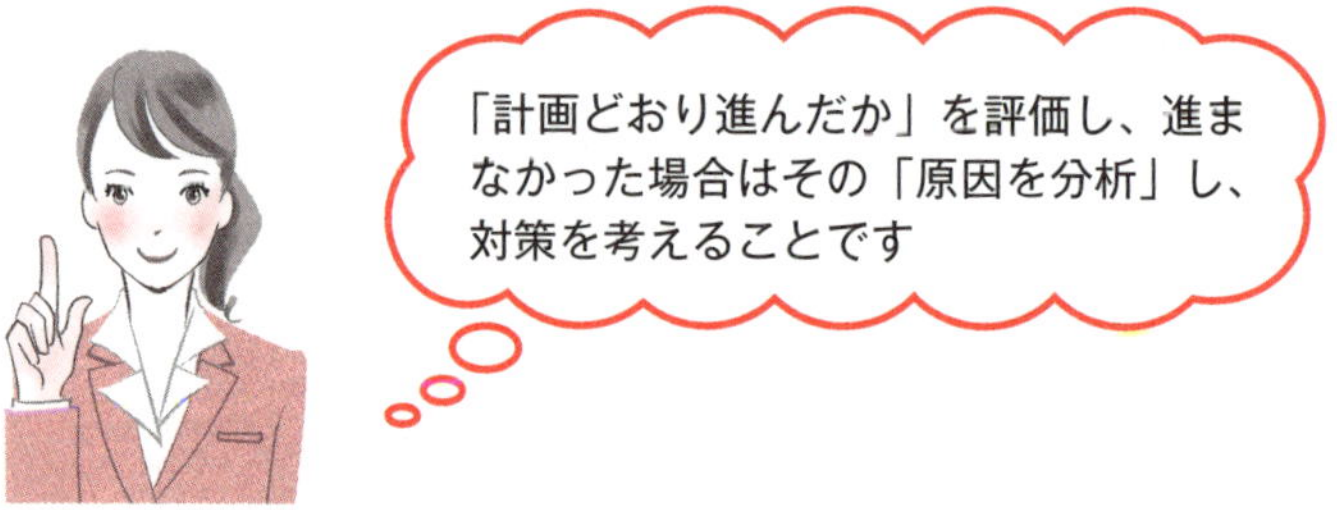
「計画どおり進んだか」を評価し、進まなかった場合はその「原因を分析」し、対策を考えることです

仕事がうまくいったときもCとAをすれば成功のコツが見えてくる

＊仕事の指示が重なった時の対処法

仕事は、いろいろな人から同時に命じられることがよくあります。仕事の計画を立てても、不意の仕事が割り込んでくることもあります。

できるかどうかわからないけど、とりあえず「はい」と言って引き受け、結果、期日までにできなければ、まわりに迷惑をかけてしまうだけです。

このような時は、**今の状況を伝えること**と、**優先順位をつけること**が重要になってきます。例えば、どちらの仕事が重要なのか、緊急なのか。この判断が自分でできなければ上司に指示を仰ぐことです。ただし、次のような言い方はNGです。やる気が感じられず、イラッとする上司もいますよ。（下欄参照）

上司「昨日説明した○○の案内状を作成しておいて」

新人「（低いトーンで）それって、急ぎですか？」

仕事の指示が重なったらどうする？

上司　「昨日説明した、○○の案内状を作成しておいて」

【模範解答例】

申し訳ございませんが、ただ今、14 時期限の〇〇を対応しております。
それが終わり次第、取りかかってもよろしいでしょうか

□□を終えてから、17 時にはお渡しできると思います。
間に合いますでしょうか

されるを意識した ホウ・レン・ソウ

＊仕事ができる人はホウ・レン・ソウ上手

「ホウ・レン・ソウ」とは、報告・連絡・相談の略であり、職場のコミュニケーションそのものです。

これは若手だけに求められるものではなく、ベテランになっても必要不可欠なものです。簡単そうで奥が深いホウ・レン・ソウには、「する側」と「される側」が存在します。うまくできている人に共通しているのは、タイミング・内容・手段のいずれを選ぶ時も、「される側」を意識して行っているということです。

仕事に欠かせない「報告・連絡・相談」

報告　ホウ	上司からの指示に対して、部下が経過や結果を知らせること
連絡　レン	必要な情報を、必要とする相手に正しく伝えること
相談　ソウ	仕事で判断に迷った時、自分ひとりでは解決できない問題に直面した時に、上司・先輩・同僚にアドバイスを求めること

＊【報告の仕方1】勝手にやめないこと！

「どこまで報告をしていいのかわからない」という若手の方がいます。答えは簡単です。**全部すればよい**のです。

新人や若手の仕事は指示を受けることから始まるとお伝えしました。仕事の終わりは、指示を出した相手への「終わりました報告」で完了します。ということは、報告のない仕事は終わっていないのと同じです。

「コピー取っておいて」→「終わりました」
「総務に提出しておいて」→「提出しておきました」

指示を受けたものに対してすべて行いましょう。

そのうち、「そんな細かいこと、いちいち言わなくてもいいよ」と言われるかもしれません。喜んでください。

そのセリフは「報告しなくていい」「あなたに任せる」のサイン。**報告をやめるタイミングを決めるのは、「される側」**なのです。

仕事の流れの中で重要になる報告

① 上司から、新人スタッフの勉強会を頼まれた
↓
② 計画をして、勉強会を開催する
（必要に応じて中間報告をする）
↓
③ 無事に、勉強会が終了した
↓
④ 終了後すぐ、上司へ勉強会**終了報告**を行う
（仕事の終わりは、③ではなく、ここ！報告は義務！）

仕事は「終了報告」で終わる

＊【報告の仕方2】中間報告も忘れない

報告とは、「上司からの指示に対して、部下が経過や結果を知らせること」。

仕事が中・長期にわたる場合は、相手を心配させないために経過を中間報告します。問題なく予定どおりに進んでいても「順調です報告」を入れることで、上司は進捗を把握でき、安心につながります。

例えば、「もしかしたら間に合わないかも……。でも、期限はまだ先だから、頑張ればどうにかなるだろう」という状況はまさに**「今」が報告のタイミング！**　報告する人としない人との分かれ道とも言えます。

間に合わないと判明してからではなく、「もしかしたら」の段階を逃さないこと。早い報告は、自分の身を守り、職場のミスや問題を最小限にとどめることにもつながります。

報告をするタイミング

1. 指示された仕事が終わった時
2. トラブルが発生した時
3. ミスをした時
4. 長期にわたる仕事の進捗報告（中間報告）
5. 仕事の進め方に変更が生じた時
6. 予定より遅れている時

早い報告で、ミスやトラブルの被害を最小限に抑える

＊【報告の仕方3】よくない情報ほど早く自分から

よくないことを「自分から」報告できる人ほど、上司から信頼され、仕事を任せてもらっています。「もしかしたら……」のタイミングできちんと報告をしているものです。

上司「昨日の件、結局どうなった？」

部下「実は、お客様がお怒りで（よくない報告が続く）」

このような会話があるうちは、仕事を任せてもらえないでしょう。「あれどうなった？」は、上司からの報告「トレース」です。そして、聞かれてはじめてよくない報告をしているため、上司は「私が聞かなかったら言ってこなかった（隠す）」と思うかもしれません。

自分に都合の悪い報告は、ついつい後まわしにしがちですが、時間をおくほど事態はよくない方向へ向かいます。信頼して仕事を任せてほしければ、よくないことほ

■部下、後輩から悪い報告を受けた時はどうする？

事例：「自分の判断で、誤って対応してしまったかもしれない」と報告にきた後輩

【育成のポイント】

仕事上、叱ることも重要。そこを踏まえたうえで、

- ●自分から気がついて報告にきたこと
- ●「もしかしたら」のタイミングできちんと報告してきたこと

──については認めて（褒めて）あげること

ど「早く」「自分から」報告しましょう。

＊【報告の仕方4】わかりやすく、手段も選ぶ

わかりやすい報告は、「される側」を意識した組み立てになっています（26ページ参照）。

① 目的を明確にする
② 相手が知りたい情報を取捨選択
③ 事実を正確に（自分の感想、推測、意見をはっきり区別する）
④ 一文を短く
⑤ 結論から先に伝える

緊急の場合や簡単な内容であれば口頭で。急ぎでない場合、複雑な内容や一度に多くの相手に報告が必要な場合は文書やメールで。他にも、メモ書き、現物を見せながら、といったように、報告の方法は、状況と相手に合わせて選択しましょう。

■わかりやすい報告の仕方

【わかりやすい話し方のポイント】

1. 結論を最初に伝える
2. 一文を短く話す
3. 主語と述語の関係が明確である
4. 専門用語・難しい表現は最小限に
5. 事実と、自分の考えを分ける
6. 具体的である

5W3H（26ページ参照）、ナンバリング（28ページ参照）も意識しよう

＊連絡は事実を中心に関係者に漏れなく伝える

連絡で重要なことは、必要な情報を、必要とする相手に正しく伝えることです。

報告は、結果といった過去中心ですが、連絡は現在から未来の予定に対して行うことが多く、内容は基本的に事実が中心です（なお、1つの案件でもホウ・レン・ソウの要素を複数含む場合はセットで行います）。

「〜みたいです」「〜だと思います」といったあいまいな表現を使うと、受け取った相手が判断に困るだけでなく、**事実が正しく伝わらない**危険性もあります。

報告と同様に、「わかりやすく」をすべての基本とし、適切な手段（口頭・電話・文書・メール・会議・朝礼）を選んで行うこと。

組織の情報は鮮度が命。関係者と少しでも早く情報を共有するために、スピードも意識しましょう。

連絡の手段は、内容によって選ぶこと

口頭で連絡するケース

1. 緊急の時
2. 内容が簡単なもの
3. 文書連絡の事前連絡

文書で連絡するケース

1. 重要なもの
2. 数字やグラフ、図表をともなう複雑なもの
3. 記録に残す必要があるもの
4. 文書での連絡が決められているもの

＊相談では事前整理や結果報告を忘れない

仕事で判断に迷った時、ひとりでは解決できない問題に直面した時に、上司・先輩・同僚にアドバイスを求めることが相談です。

特に、新入社員や若手の方はひとりで抱え込まず、早く相談してください。その際に注意点があります。

① 仕事を進めるうえでの疑問点は、直属の上司か、その仕事を指示した方へまず相談する
② 相談内容を事前に整理する（現状、この先どうしたいのか、どこまでやろうとしたのか）
③ 自分なりの考えを持っておく
④ 相手の状況を見て、相談する
⑤ 相談した相手に、その後の結果を報告する

「わかりやすく」「手段」は報告・連絡と同じです。

■相談をしたい時の話しかけ方

基本形
●●の件でご相談したいことがあるのですが、
今お時間よろしいでしょうか？

その他の例
- 至急ご相談したいことがあるのですが、今よろしいでしょうか？
- 少々込み入ったご相談があるのですが、
本日、○分ほどお時間をいただけないでしょうか？
- ご意見をうかがいたいことがあるのですが、今よろしいでしょうか？
- ○○について、２件ご相談があります。今よろしいでしょうか？

クッション言葉（31ページ）も忘れずに

＊何度も同じ質問をしてはいけないのか？

よく、「同じことを2回聞いてはいけない」と言う方がいます。いえいえ、**わからなければ2回でも3回でもわかるまで質問する**のです。

新入社員にありがちなのは「2回は聞けない」と憶測で仕事を進めた結果、ミスをして「なんで勝手にやったの」と叱られる。もうどうしたらいいのか……。

叱られたのは、2回聞いてはいけないからではありません。質問されていら立つのは、①説明した時にメモを取っていない、②自分で考えることをせず、すぐに聞いてくる、③まるではじめて聞くかのように質問してくる、からです。

相手は「前にも言ったよね」と言いたくなります。教えてもらったことはメモを取り、自分で考えてやってみて、それでもわからなければ再び質問です。

■同じことを聞かれた先輩が怒る本当の理由

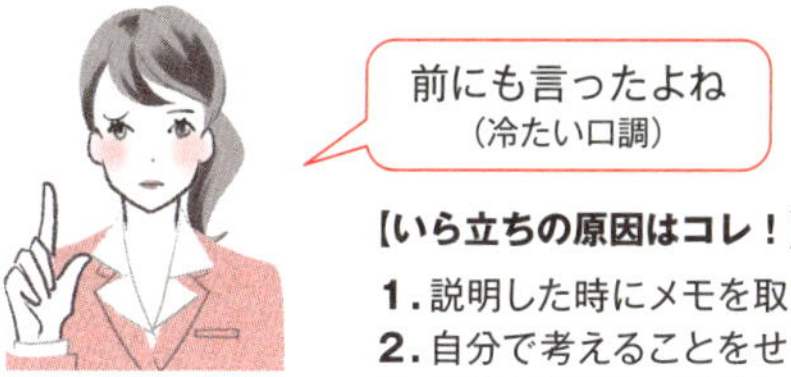

先輩

【いら立ちの原因はコレ！】

1. 説明した時にメモを取っていない
2. 自分で考えることをせず、すぐに聞いてくる
3. まるではじめて聞くかのように質問してくる

- 2回目であること
- 最初の質問の後、「どこまでやって、何がわからないのか」を伝えること

→ **これを意識すれば、最初の質問とは、「質」が変わってくるはず**

今日からすぐにできる仕事の効率化

＊5S活動でムダを省き、業務効率を目指そう

5S（ごえす）とは、整理・整頓・清掃・清潔・躾（しつけ）の頭文字Sを取った言葉で、もともとは製造業やサービス業で職場環境の維持改善に用いられるスローガンでした。現在は業界を問わず、あらゆる企業で5S活動が取り入れられています。

5S活動は、ただの清掃ではありません。活動により**ムダを徹底的に省く**ことで効率化が進み、生産性を高め、働く意欲向上にまでつなげるという考え方です。

■仕事のモチベーションにもかかわる5S活動

整理	必要な物と不要な物を区別し、不要な物を捨てる。職場には必要な物以外は、一切置かない。
整頓	決められた物を決められた場所に置き、いつでも取り出せる状態にしておく。探すムダをなくす。
清掃	常に掃除をして、職場、身の回りをきれいに保つ
清潔	整理・整頓・清掃の3つを実行することにより、清潔な職場環境を維持する
躾（しつけ）	決められたルール・手順を正しく実行できる習慣をつける

＊仕事のムダは、何かを探している時間

仕事で、探す時間ほどムダなものはありません。何かをするたびに、書類を探したり、モノを探したりしていませんか？

まずは身の回りの整理をし、次に整頓です。

整理……不要な物を捨てる
整頓……決められた物を決められた場所に置き、いつでも取り出せる状態にしておく

これはパソコンの中のデータ整理も同じです。

パソコンへのデータ保存はルールを作り、規則性を持たせることが重要です。デスクトップに保存したり、ドキュメントに保存したり、とりあえず適当なファイル名をつけたり、これらが積もり積もってパソコンの中もグチャグチャ状態。もしこのような状態であれば、まずはルール作成から始めましょう。

データ整理・ルール化の例

- □ 誰が見ても内容がわかるフォルダ・ファイル名であること
- □ 用件※ごとにフォルダを分ける　※仕事によって異なる
- □ ファイル名は「日付＋内容」が基本
- □ ファイル名は、英語か日本語か、半角か全角かを統一する
- □ その他、フォルダ名の先頭は作業工程の連番をつける、など

保存期限を決めることも必要

＊単語登録などでパソコン仕事の時間短縮

毎日、たくさんの資料を作り、メールを何十件も送る方、いますよね。パソコン操作はちょっとした工夫で、仕事のスピードアップにつながります。

ひとつは単語登録（メールは定型文を登録）です。

「いつもお世話になっております。○○社の××です」

「お忙しい中恐れ入りますが、宜しくお願い致します」

毎回すべての文字を入力していませんか？

単語登録しておけば、「いつも」と入力し変換すると、全文出てきます。同じように「おいそ」と入力すれば候補が出てきます。社名や住所、よく使う用語はすべて登録しておくとサクサク入力できます。

次に、パソコンのショートカットキーを使いこなすと便利です。よく使う、「印刷」「コピー」「上書き保存」「貼り付け」、これらも瞬時に完了です。

単語登録機能を使って効率アップ

1. デスクトップ上、もしくはタスクバーに収納されている「言語バー」から、「単語の登録」を選択
2. 画面が開いたら、単語欄に登録したい言葉を入力する
例）いつもお世話になっております。○○社の××です。
3. よみ欄に、「短縮ワード」を入力する　**例）いつも**
4. 「登録」を押せば、完了

便利なショートカットキー　一覧

よく使うパターン

Ctrl ＋ C キー	コピー
Ctrl ＋ S キー	上書き保存
Ctrl ＋ X キー	切り取り
Ctrl ＋ V キー	貼り付け
Ctrl ＋ Z キー	元に戻す
Ctrl ＋ B キー	太字にする
Ctrl ＋ A キー	ワークシート全体を選択
Ctrl ＋ P キー	印刷
Ctrl ＋ Y キー	やり直す
Ctrl ＋ F キー	検索
F5 キー	最新の情報に更新
Alt ＋ F4キー	アプリケーションを閉じる

※Windows全般の操作

ショートカットキーを使いこなして
仕事の効率化を図ろう

会議・ミーティングの基本と心がまえ

＊はじめての会議は戸惑うもの

ビジネスにつきものの会議やミーティング。役員会議、部内会議、定例会議、企画会議、担当者が集まる意見交換会。組織によって会議の種類は様々です。

上司に準備を任された場合、参加を求められた場合、どちらも最初は戸惑う人が多いですが、一度経験すると、流れがすぐにつかめます。準備にあたっては、漏れなく必要事項（対応・準備物）を洗い出し、不明点は先輩に聞きながら計画的に進めましょう。

会議は目的によって分類される

報告・連絡会議	問題発見型会議
意思決定型会議	問題解決型会議
アイデア出し会議	コーチング型会議（※部下の教育が目的）

出席者全員が、目的を理解したうえで参加すること

＊会議を任されたら計画的に準備する

上司が主催する会議の準備を任された場合、上司の指示に従って進めます。会社ごとにスタンダードがありますので、まずはそれを確認してください。

以下の解説は、一般的な会議準備の流れです。

①　会議のテーマと目的の確認

②　上司に参加予定者を確認（もしくは、指示を元にリストアップ）、会議に必要な時間、必要な機材などを確認

③　日時を決める

出席する役職上位者へ、複数候補日をヒアリングし、上司と相談しながら、他の出席者の予定を調整します（既に日時が決まっている場合は不要）。

④　会場の選定

参加人数や会議の目的を考慮して、会議に適した会場を選びます。社外会場の場合は、交通の便やコストも考

■上司が主催する会議の準備

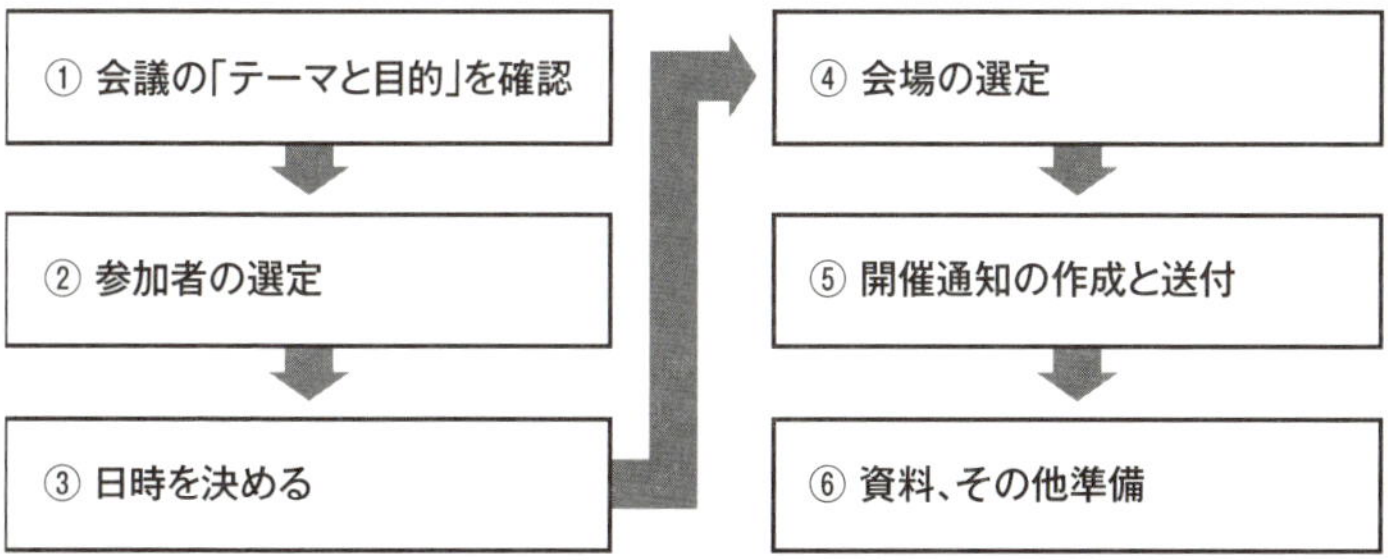

必ず、上司や、会議の出席経験がある先輩へ確認してもらうこと

慮して選び、特にはじめて利用する会場であれば申込前に一度、上司に報告しておきます。

予約の際、準備時間や後片付けや会議が延長した場合も想定し、前後に余裕を持たせて予約するとよいでしょう。

⑤　開催通知の作成と送付
開催通知を作成し、参加予定者に送付します。出欠予定を確認し、期限までに回答がない人にはこちらから連絡をします（通知の方法は職場のルールに従いましょう）。

⑥　資料その他、会議に必要なものを準備
上司に、必要な資料を確認し、作成する必要があれば対応します（案内と同時に資料送付する場合は、⑤と⑥の順番が逆になります）。

■はじめての会場は、必ず行って、見てチェック

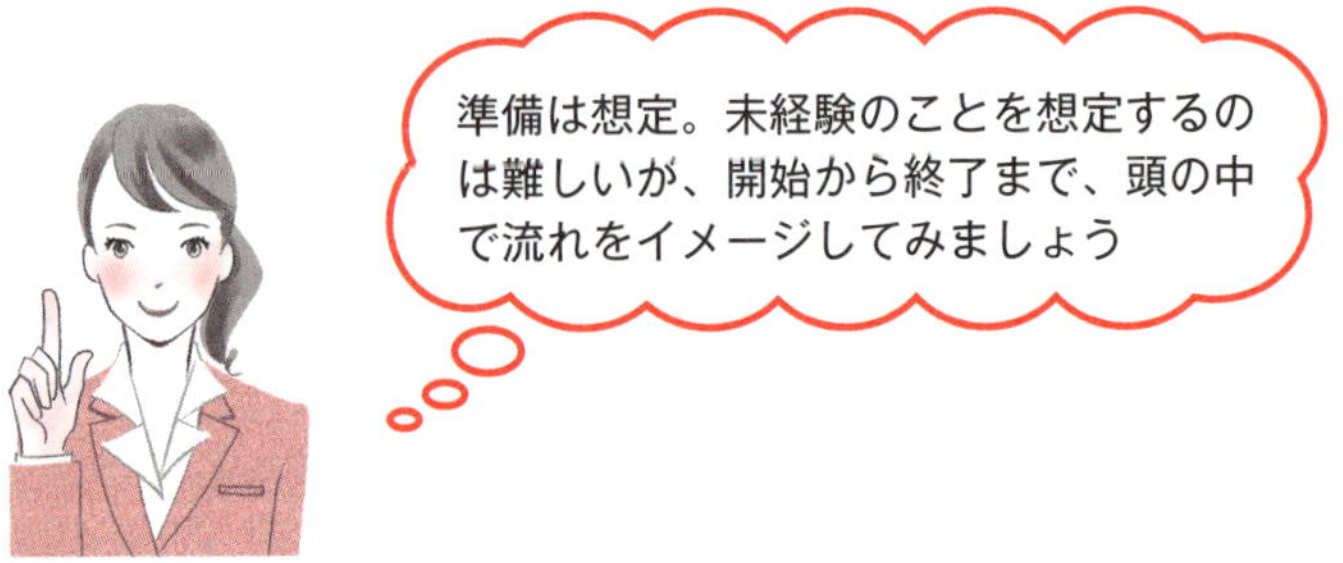
準備は想定。未経験のことを想定するのは難しいが、開始から終了まで、頭の中で流れをイメージしてみましょう

イメージすれば、気になること、準備すべきことが見えてくる

会議の準備　最終確認リスト

項目		チェック内容
会場関係		●会場予約の最終確認
	設営	●机が汚れていないか確認。汚れがあれば拭いておく ●椅子の数が足りているか ●冷暖房を必要に応じて入れておく ●案内表示、受付の設置（必要な場合のみ）
	機材、備品	●プロジェクター：投影できるかテストしておく ●ホワイトボード：マーカーが書けるかチェックしておく ●マイク：音量や電池（充電）をチェックしておく ●モニター：電源を入れておく ●ネームプレート：名前に誤りがないか再度確認し、設置する
	その他	●社外会場の場合、お手洗いや喫煙所の場所、温度調節の方法を事前に確認しておく ●社外会場や、社外から参加する人がいる場合、雨の日は傘立て、冬はコート掛け、宿泊者がいれば、荷物を置く場所を用意しておく
資料		●参加人数 ＋ 予備の用意
飲食の手配		●お茶やお弁当を出す場合は、事前に手配しておく ●何を出すのか、どのタイミングで出すのかは上司と相談 ●支払方法は、会社のルールに従う

定期的に会議の開催がある場合は、準備マニュアルを作っておくとよい

＊ はじめての会議への出席でもやる気を見せる

新入社員や若手社員でも、突然「会議に参加して」と指示を受けることがあります。例え、そのテーマが自分の仕事に直接関係のないこと、まったくわからないことでも、声をかけてもらうことはチャンスです。

指示どおり時間に会場へ行き、何となく見学して終わり、ではやる気が見えずチャンスを生かせません。

声がかかった時点で、主催者へ「準備で何かお手伝いすることはありますか？」と申し出たり、当日、早めに会場に入り、設営や資料配付を手伝ったり**率先して動く**ことで、やる気や主体性を見せられます。

実際に、誰かの応援がほしいと思っている先輩にとって、後輩の「お手伝いします」の言葉は、とてもうれしい一言です。会議終了後も、会場の後片付けを率先して手伝いましょう。

■会議での５つの必需品

1. 筆記用具
2. ノート
3. スケジュール帳
4. 事前に配付された資料（関係書類）
5. その他　仕事・会議に必要なもの
   例）電卓、パソコン、現物（議題の商品　など）

会議の説明者は急な質問に焦らないためにも、想定問答をしておこう

＊会議の出席では心の準備もしておく

事前に資料配付があればしっかり目をとおしておくこと。担当外の難しいテーマでも、自分なりに調べたり、先輩へ質問したりしたうえで出席します。

会議は時間厳守です。準備の手伝いがなくても、5分前には席に着いておきましょう。どこに座るかがわからない場合、若手は入り口付近の末席に座ります。

会議中は、議事録を作成する人が他にいても、自分のノートにメモを取ります。誰が何の発言をしたのか、発言者も忘れずに記録です。今は担当外の内容であっても、将来、自分が関わる仕事かもしれません。会議の流れや進め方も記録するとよいでしょう。

担当外だから発言はない、と決めつけるのは危険です。会議の質問は急に飛んできます。常に**「意見を求められるかも」**という心がまえでいましょう。

■新入社員でも突然、質問されることもある！

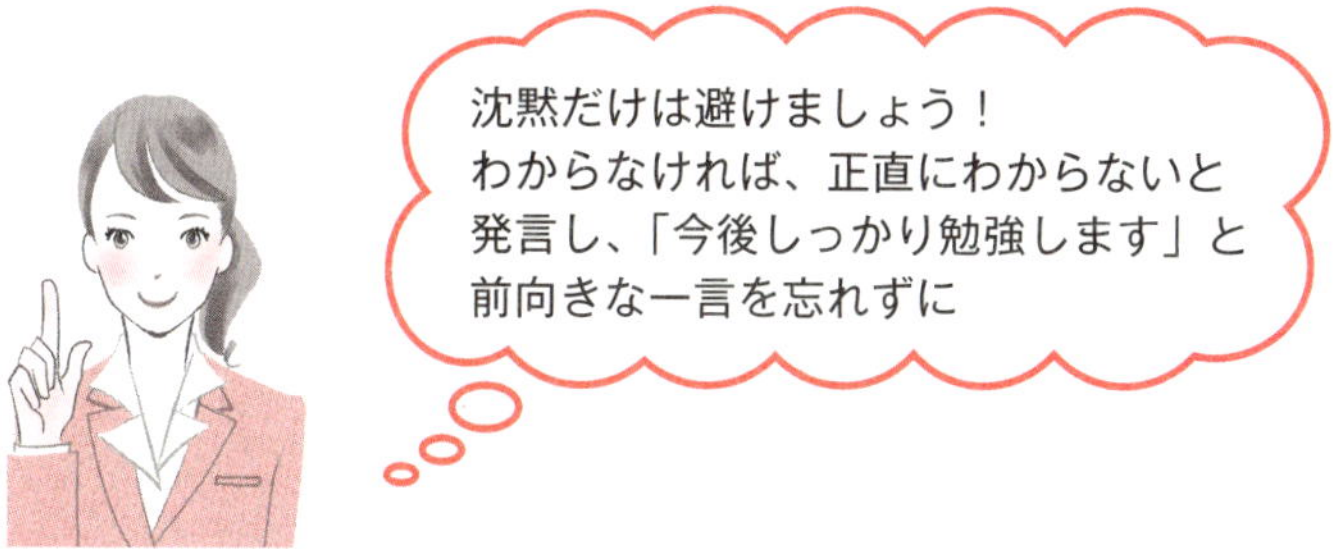
沈黙だけは避けましょう！
わからなければ、正直にわからないと
発言し、「今後しっかり勉強します」と
前向きな一言を忘れずに

欠勤・遅刻・早退の時にもマナーがある

＊まわりへの迷惑、仕事への影響を最小限にする

無断欠勤や寝坊による遅刻は、社会人としてあってはならないことです。たった1回でも無断欠勤をしてしまうと、それまで築き上げてきたあなたの**信頼も一瞬で崩壊**です。

しかし、どれだけ自己管理を徹底していても、やむを得ない理由で、欠勤・遅刻・早退をしなければならないこともあります。その時はまず、まわりへの迷惑を最小限に抑えることを考え、努力します。

■社会人に求められる「自己管理能力」

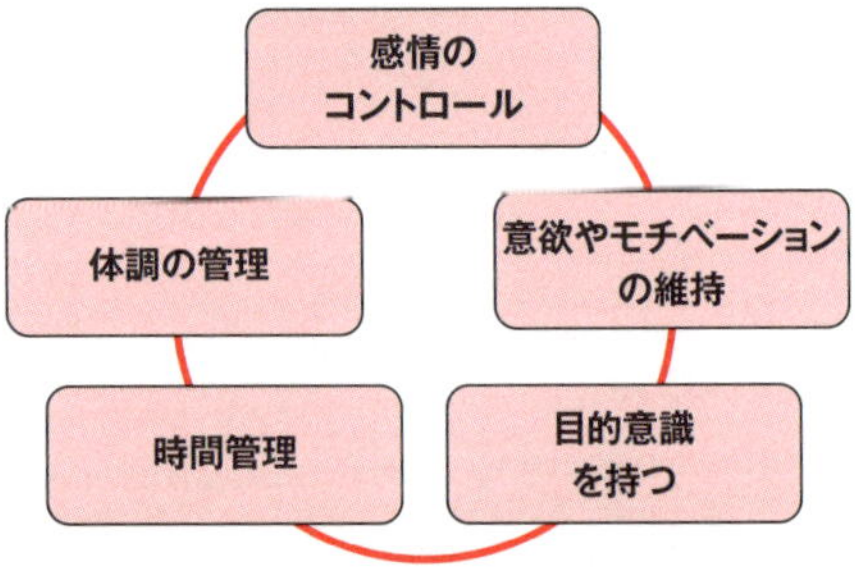

遅刻や体調不良の欠勤が続くと、
自己管理がなっていない！ と言われることも

＊欠勤する場合は必ず上司に連絡を

通院や法事・結婚式といった、前もってわかっている欠勤の場合は、わかった時点で早く上司に相談しましょう。休みの許可を得たら、休暇届を出すなど職場のルールに従って対応します。それと同時に、仕事に支障が出ないように段取りを行います。欠勤明けは、上司や同僚にお礼を言いましょう。

体調不良で、当日、突然欠勤する場合は、遅くとも始業時間の10分前までに、上司宛てに電話で連絡を入れます。上司が離席中なら他の先輩へ伝言を頼み、時間をおいて、改めて上司に電話を入れましょう。

休みの許可を取り、その際、その日の予定を伝え、急ぎの仕事があれば誰かに対応をお願いします。欠勤明けに出社したら、突然の休みで迷惑をかけたことに対し、お詫びとお礼を忘れずに伝えてください。

欠勤の申し出は伝え方に注意

✕ 言い切る	「朝から熱があるので、休みます」
○ うかがいを立てる	「朝から熱が出てしまい、大変申し訳ありませんが、本日は休ませていただけないでしょうか」

伝え方を間違えると上司を不快にさせる

＊ 遅刻しそうとわかった時点で会社にすぐ、正直に連絡

寝坊による遅刻はそもそもない！　というのが前提ですが、もししてしまった場合は正直に理由を伝えましょう。**ウソや作り話は、ばれます**。ここまできたら、言い訳をせず、潔く叱られる覚悟です。すぎたことをいつまでも悔やんでいても仕方がありません。同じ失敗を繰り返さないためにはどうしたらいいのかを考え、謝罪とともに上司に伝える姿勢が大事です。

電車の遅延や、特別な事情により遅刻する場合は、「間に合わないかも」とわかった時点で会社に電話で連絡を入れます（車の場合、運転しながら電話するのはＮＧ）。

遅れる理由と、出社予定時間を伝え、引き継ぎが必要であれば、誰かに対応をお願いします。電車の遅延の場合、必要であれば遅延証明書をもらいましょう。

■外出先からの戻りが予定より遅くなりそうな時

帰社予定時間をすぎそうな時は、わかった時点で外から会社に連絡を入れるのが、社会人の常識

例）「17時に戻る予定でしたが、打ち合わせが伸びてしまい、17時半になりそうです」

組織で働くなら、周囲への影響を考えて動く必要がある

＊早退では仕事の引き継ぎを忘れずに

体調不良や家庭の事情などで、早退する必要がある場合は、早急に上司へ相談し許可を得ます。仕事を整理してから早退するのがベストですが、体調不良や緊急の場合は、無理せず相談し、引き継ぐものがあれば、引き継ぎをお願いして早退します。

前もってわかっている早退の場合は、欠勤の対応と同じです。

欠勤・遅刻・早退のすべてに共通していることは、以下の3つです。

①わかった時点で早く上司に相談し、許可を得る
②引き継ぎを行う
③欠勤・遅刻・早退明けの出社時は、お詫びとお礼を忘れない

■欠勤・遅刻・早退でやってはいけないこと

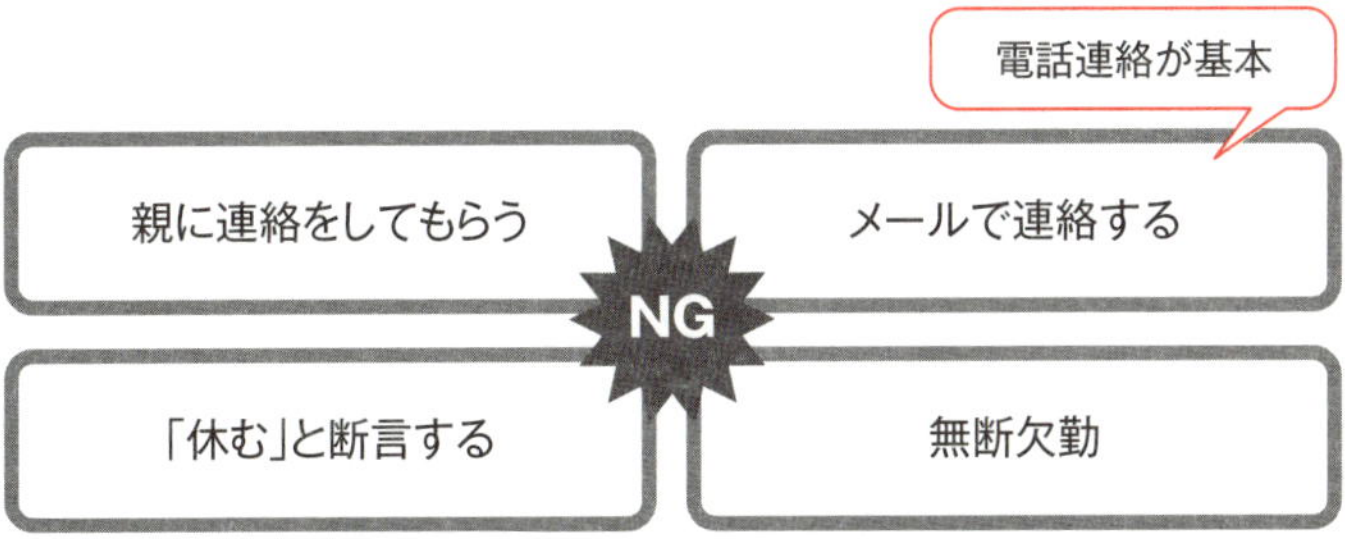

ただし、事故や体調不良などで自分で連絡できない場合は、代理で連絡を依頼する

テキパキ動けて失敗しない宴席マナーのポイント

＊職場の飲み会も場合によっては参加がお勧め

歓送迎会・忘年会・新年会、職場によっては定期的な飲み会も行われます。時代とともに、仕事以外のお付き合いは苦手、避けたい、という方も増えました。

参加する・しないは個人の自由ですが、職場の行事や、特に、自分が主賓（主役）の会、送別会（歓迎会はこの先も機会がある）は、極力参加することをお勧めします（注意：ここでは決して、お酒を勧めるわけではありません。飲めない方は絶対に無理してはいけません）。

一般的な宴会の流れをつかんでおこう

司会　開会の挨拶	「ただ今より……」と司会の挨拶で開始する
↓	
挨拶	出席者の中でもっとも上の立場の人が行う
↓	
乾杯	挨拶と、乾杯の音頭は同じ人が行うこともある
↓	
食事・歓談	会話を楽しむ。気配りも忘れずに
↓	
（新入社員 自己紹介）再び、食事と歓談	歓迎会の場合、ここで自己紹介が入る
↓	
閉会の挨拶（手締め）	出席者のうちで、2番目の立場の人がすることが多い

＊お酒の席でも仕事の延長

まず、会場に到着して迷うのが座る位置です。席を決められていたり、人数が多い場合は幹事がクジ引きを作っていたりするケースもあります。

何も指定がなければ、若手社員は出入り口の近くを選んで座りましょう。自分が主役で、「こちらへ」と勧められた場合は、例え上座であっても「ありがとうございます」と言って座ります。

食事や歓談のあいだは、会話を楽しみましょう。日頃、**接点がない方とも親しくなる絶好の機会**なので、若手から質問をして、ぜひ歩み寄ってください。

ただ、上司が「今日は無礼講」と言ったとしても、意味を履き違えてはいけません。あくまで仕事の延長です。仕事や先輩の不満を言ったり、絡んだりはイエローカード。「今日は楽しく飲もう」の意味ですよ。

■自分が主賓なら挨拶やスピーチの準備を

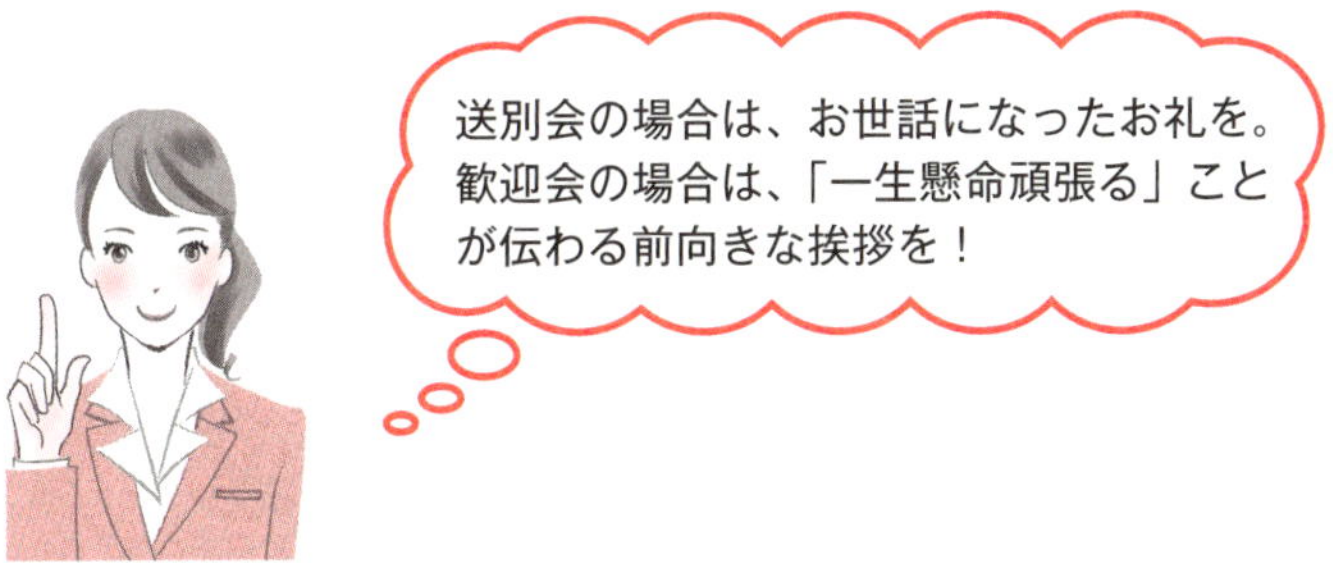
送別会の場合は、お世話になったお礼を。
歓迎会の場合は、「一生懸命頑張る」ことが伝わる前向きな挨拶を！

主賓なら必ず話す機会があるという心がまえを

◎先輩の動きを参考に気配り

宴席のスタイルによっては、お酌や取り分けが発生します。これらは女性がするもの、役員の両隣は女性が座る、なんていう古い考えの方はいないですよね？

宴席では、会話を楽しみつつ気配りも必要です。

例えば、

・目上の方との乾杯はグラスを相手より少し下げる
・乾杯後、ビールグラスが空いたら近隣者に注ぐ
・最初の食事は上の方が手をつけてからいただく
　→勧められたら、先にいただいてＯＫ
・大皿料理やお鍋は、基本、若手が取り分ける
　→いいよ、と言われたら各自でＯＫ

まだまだありますが、宴席に慣れていない方は、先輩の動きを見て覚えていけば大丈夫です。

宴席ではこんなところを見ておこう

- □ お箸や取り皿が足りているか
  →例）足りなければ、頼んで持ってきてもらう
- □ グラスが空になっている人はいないか
  →例）「お注ぎします」「どうぞ」「ビール（同じもの）でよろしいですか？」
- □ お料理や飲みものを追加オーダーをしたほうがよいか
  →メニューを手元に置き、すぐにオーダーできる状態にしておく
  何かオーダーが必要か、まわりに声をかける

ホテル、レストラン、居酒屋、
それぞれのスタイルに合わせて動く

お酒の注ぎ方

瓶ビールの注ぎ方・お酌の受け方

1. ラベルを上にして(手で隠さない)、瓶の底を右手で持つ
2. 注ぎ口(瓶の下側)を左手で支える
3. 注ぎ口がグラスに当たらないように、ゆっくり注ぐ
   ※慣れてきたら、高い位置から勢いよく注ぎ、徐々にゆっくりにする。
4. お酌を受ける時は(できれば飲み干した)グラスを両手で持ち、いただく

日本酒の注ぎ方・お酌の受け方

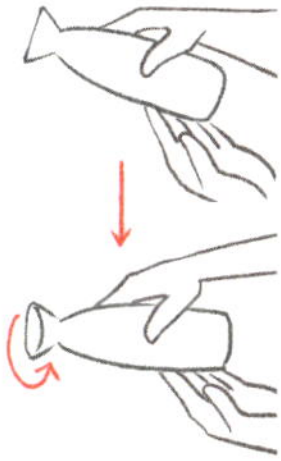

1. お銚子の中央を右手で持ち、左手を添える
2. 最初は少量注ぎ、徐々に多くする
3. 盃の8分目を目安に注ぐ
   ※盃をテーブルに置いたままお酌をする「置き注ぎ」は失礼にあたる。
4. お酌を受ける時は両手で盃を持ち、必ず口をつけてからテーブルに置く

ワインの注ぎ方・お酌の受け方

注意)基本的にソムリエやお店のスタッフに任せる。カジュアルな店の場合のみ下の解説を参照。なお、海外では、女性がワインを注ぐのはNGとされている。

1. ラベル(エチケット)を手で隠さないように、片手でしっかり底を持つ
2. もう一方の手を添える。両手で持ってかまわない
3. グラスの3分の1～4分の1を目安に注ぐ。注ぎすぎに注意
4. お酌を受ける時のワイングラスはテーブルから持ち上げないこと

知っていて損はない。
プライベートでも使えるお酒の注ぎ方

日本料理のマナー ①

代表的な日本料理の種類

- 本膳料理……もっとも格式が高く、伝統的な料理
- 懐石料理……簡素な料理が一品ずつ出される
- 会席料理……現代のお呼ばれの席での一般的な日本料理

【会席料理のコース例】

1. 先付(前菜)
2. 吸い物
3. 刺身
4. 焼き物
5. 煮物
6. 揚げ物
7. 蒸し物
8. 酢の物
9. ご飯と留め椀、香の物
10. 水菓子、甘味

箸使い

和食をいただくときの一番の要は、「箸使い」
きれいに使えるよう、日ごろから習慣づけすること

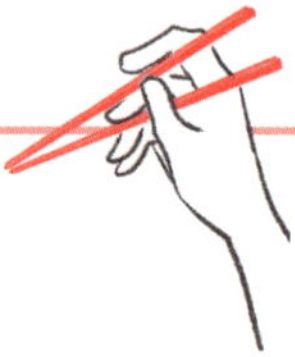

【箸の取り方】

1. 右手で静かに持ち上げる
2. 左手を箸の下から添える
   →右手を横に滑らせて持ちかえる
3. 人差し指と中指で挟んだ上の箸だけを動かす

【箸の置き方】

1. 右手で箸を持ったまま、左手を下に添える
2. 右手を横に滑らして、箸を上から持つ
3. 左手を離して、そのまま箸を置く
4. 箸置きに置く時は、箸の先を3～5センチ箸置きから出す

割り箸は、左手で下、右手で上の箸を持ち、
扇を開くように膝の上で割く(縦に持たない)

日本料理のマナー　②

代表的な和食　食べ方のコツ

前菜	懐紙で受けるか、器が小さければ器を手に持っていただく
吸い物	左手で椀を押さえて、右手で蓋を取る 蓋についたしずくは椀の中に落としてから、上向きにして置く 食べ終わったら、蓋を元どおり椀に戻す
生物	左手前のものからいただく。醤油にわさびを溶くのは間違い 刺身の上に少量のせて、反対側に醤油をつけていただく
焼き物	魚が一般的で、切り身と尾頭付きの場合がある 切り身は端から一口大に取り分けながら食べ、 尾頭つきの場合は、ひれを外し頭のほうから取り分ける 焼魚はひっくり返さず、骨を浮かして外し、下の身を食べる
煮物	蓋があれば吸い物の要領で取り、箸で一口大に切り分けて食べる 汁があれば、器を持って合間に味わう
ご飯、留め椀、香の物	左にご飯、右に留め椀、向こうの中央に香の物が出る ご飯のお代わりは、一口ほど残して茶碗を差し出し、箸を置いて待つ。 受け取った茶碗をそのまま口に運ぶのは「受け食い」「受け取り」と言われタブー

手に持つ器・持たない器

○ 持ってよい

しょうゆの小皿
汁もののお椀
ご飯茶碗
お重やどんぶり
小鉢

✕ 持ってはいけない

造りの皿
焼き物の皿
揚げ物の皿
大鉢の皿

日本料理では、大ぶりの器以外は手に持ってもよい

西洋料理のマナー ①

西洋料理では、できるだけ音を立てないのがマナー。
噛む音、スープをすする音、食器がカチャカチャふれる音などには注意しましょう。

代表的なコース料理

【フランス料理(フルコース)の基本的な構成】

食前酒
1.オードブル(前菜)
2.ポタージュ(スープ全般)
3.パン
4.ポワッソン(魚料理)
5.ソルベ(氷菓)
6.ヴィヤンド(肉料理)
7.レギューム(生野菜・サラダ)
8.フロマージュ(チーズ)
9.デザート・コーヒー

【イタリア料理(フルコース)の基本的な構成】

食前酒
1.アンティパスト(前菜)
2.プリモピアット(パスタ、リゾットやスープ)
3.セコンドピアット(魚料理か肉料理)
4.コントルノ(サラダ)
5.ドルチェ(デザート)
6.エスプレッソ(コーヒー)

ナプキンの使い方

●膝に広げるタイミング
パーティーでは、乾杯が済んでから。主賓や上司がいる場合は、その人が取ってから
それ以外は、オーダーが済んで、食前酒や前菜が出るまでに

●置き方
二つ折りにして、自分の膝の上に置く(折り目が手前)

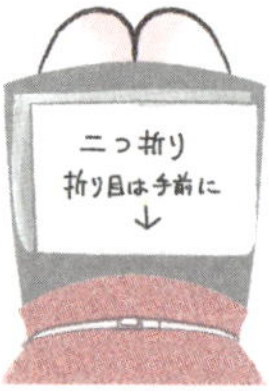

●ナプキンの使い方
口を拭きたい時は、ナプキンを引き上げて、内側部分で拭く

●ナプキンを落としたとき
自分で拾わず、お店の方に拾っていただく

●中座をする時
椅子の上に軽くたたんで置く

●食後
軽くたたんでテーブルの上に置く。きれいにたたまない
ナプキンをきれいにたたむと、「料理が美味しくなかった」というサインになる

代表的な洋食　食べ方のコツ

スープ	スプーンを手前から奥へ向かってすくう（イギリス式） ※フランス式は、スプーンを皿の奥から手前に向かってすくう
パン	一口サイズにちぎって食べる。バターは、パン皿に移し、ちぎったパンに少しずつのせる
肉料理	左端から一口大に切って、切った分だけフォークで口に運ぶ ※左端から肉を2、3切れ切ったところでナイフを置きフォークを持ち替えて右手で食べる、「ジグザク・イーティング」もある **【焼き方】** ●レア：表面に焼き色をつけただけで、中心部は生の状態 ●ミディアム：ほどよく全体に火をとおし、半生の中央と、しっかり焼けた表面の固さを楽しむ ●ウエルダン：中心部まで火がとおり、しっかりと焼き上げたもの
魚料理	①頭をフォークで押さえ、背骨に切り込みを入れる、②上身を取って食べる、③骨を持ち上げ、皿の隅に移動させる、④骨がなくなった身を、左側から食べる
パスタ	お皿の丸みを利用してフォークにクルクルと巻いて食べる。ショートパスタはフォークの腹にのせて食べるが、のせにくい時は刺してもかまわない

「食事中」と「終了」のサインはカトラリーで

【食事中】

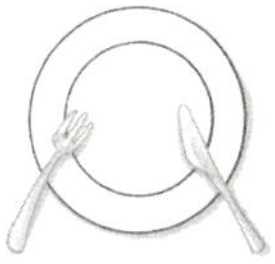

フォークとナイフを「ハ」の字に置く

【食事終了】

食べ終わったら、平行に揃えておく。
斜めに置くのはフランス式。
イギリス式は、縦に置く

西洋料理の器は持ち上げないこと

監修者紹介

澤野　弘（さわの・ひろむ）

NPO 法人日本サービスマナー協会　理事長。
株式会社ワイズプラス 代表取締役。
2008 年より「接客サービスマナー検定」をスタートさせ、その後インターネットで受験できる「敬語力検定」も開始。現在は、東京・名古屋・大阪・福岡を拠点に各種社員研修やマナー講師養成講座などの認定講座を開講。全国の企業や各種法人などを対象に社員研修等も行う。

著者紹介

井手奈津子（いで・なつこ）

研修講師、キャリアコンサルタント。
大手クレジット会社の人事部にて、約10年間採用と教育に従事。2014 年に独立後、研修講師、キャリアコンサルタントとして、全国の官公庁・民間企業・大学・専門学校で、毎年180日間以上の登壇実績を持つ。
学生から現場で活躍するビジネスパーソンまで幅広い層を対象としたジャンルの研修・講座を実施。特に、ビジネスマナー全般・キャリアデザイン・プレゼンテーションといった分野の研修や、学生向け就職活動指導には定評がある。

超解 仕事《しごと》の基本《きほん》とマナーで面白《おもしろ》いほど評価《ひょうか》が上《あ》がる本《ほん》

〈検印省略〉

2016年　12　月　31　日　第　1　刷発行

監修者――澤野 弘（さわの・ひろむ）
著　者――井手 奈津子（いで・なつこ）
発行者――佐藤 和夫

発行所――株式会社あさ出版
〒171-0022 東京都豊島区南池袋 2-9-9 第一池袋ホワイトビル 6F
電　話　03 (3983) 3225 (販売)
　　　　03 (3983) 3227 (編集)
F A X　03 (3983) 3226
U R L　http://www.asa21.com/
E-mail　info@asa21.com
振　替　00160-1-720619

印刷・製本 美研プリンティング(株)
乱丁本・落丁本はお取替え致します。

facebook　http://www.facebook.com/asapublishing
twitter　http://twitter.com/asapublishing

ISBN978-4-86063-957-0 C2034